선가귀감

서산대사 저
김현준 옮김

효림

서 문

옛날에 부처를 배우는 이들은 부처님의 말씀이 아니면 말하지 않았고, 부처님의 행실이 아니면 행하지 않았다. 그러므로 그들이 보배로 여기는 것은 오직 패엽(불경)의 거룩한 글뿐이었다〔古之學佛者는 非佛之言이면 不言하고 非佛之行이면 不行也라 故로 所寶者가 惟貝葉靈文而已로다〕.

지금 부처를 배우는 이들이 서로 전하고 외우는 것은 세속 선비들의 글이요, 청하여 지니는 것은 벼슬아치들의 시뿐이다〔今之學佛者는 傳而誦則士大夫之句요 乞而持則士大夫之詩라〕.

그리하여 그 글을 울긋불긋한 종이에 쓰고 얼룩덜룩한 비단으로 표구하여, 아무리 많아도 족한 줄을 모를 뿐 아니라 지극한 보배로 여기기까지

한다〔至於紅綠으로 色其紙하며 美錦으로 粧其歎하야 多多不足하야 以爲至寶하니〕.

아, 예와 지금의 부처 배우는 이들이 보배로 삼는 것이 어찌 이다지도 같지 않은 것인가?〔吁라 何古今學佛者之不同寶也여〕

내 비록 옛사람을 닮지는 못하였으나, 옛글에 뜻을 두어 패엽의 거룩한 글들을 보배로 삼아 왔도다〔余雖不肖나 有志於古之學하야 以貝葉靈文으로 爲寶也라〕.

하지만 그 글이 매우 복잡하고 대장경의 바다가 너무나 넓고 아득하여, 뒷날의 도반들이 가지를 헤쳐 가며 잎을 따는 수고를 면하지 못할 것 같았다〔然이나 其文이 尙繁하고 藏海汪洋하야 後之同志者가 頗不免摘葉之勞라〕.

이에 그 글들 가운데 가장 요긴하고도 간절한 것 수백 마디를 추려서 한 장에 써 놓고 보니, 글은 간단하나 뜻이 두루 갖추어졌다고 할 만하다

〔故로 文中에 撮其要且切者數百語하야 書于一紙하니 可謂文簡而義周也라〕.

만약 이 글로써 스승을 삼아, 끝까지 연구하여 묘한 이치를 깨닫게 된다면 구절구절에서 살아 계신 석가여래가 나타나게 될 것이니, 부디 힘써 볼지어다〔如以此語로 以爲嚴師하야 而硏窮得妙則句句에 活釋迦存焉이라 勉乎哉인저〕.

물론 문자를 떠난 한마디와 틀을 벗어난 기이한 보배를 쓰지 않겠다는 것은 아닙니다. 하지만 그것은 특별한 기틀이 나타날 때까지 기다릴 수밖에 없다〔雖然이나 離文字一句와 格外奇寶는 非不用也나 且將以待別機也하노라〕.

가정 갑자(1564년) 여름 청허당 백화도인(서산대사) 씀

嘉靖 甲子 夏 淸虛堂 白華道人

1.

여기 한 물건이 있으니, 본래부터 한없이 밝고 신령하며, 난 것도 아니요 죽음도 없다. 이름 지을 수도 모양 그릴 길도 없다.

有一物於此하니 從本以來로 昭昭靈靈하야
_{유일물어차} _{종본이래} _{소소영령}

不曾生 不曾滅이며 名不得 狀不得이로다
_{부증생 부증멸} _{명부득 상부득}

주해 한 물건이란 무엇인가?〔一物者 何物〕
_{일물자 하물}

○[1]

옛 어른이 송하셨다.

옛 부처 나기 전에	古佛未生前
뚜렷이 밝았도다	凝然一相圓
석가도 몰랐거늘	釋迦猶未會
가섭이 전할손가	迦葉豈能傳

---
1. ○ : 이는 한 물건을 표현한 일원상一圓相이다.

이것이 한 물건의 '난 것도 아니요 죽음도 없으며 이름 지을 수도 모양 그릴 길도 없다'고 한 까닭이다.

육조(六祖)[2]께서 대중에게 물었다.

"나에게 한 물건이 있는데 명자(名字)도 없다. 너희는 알겠느냐?〔吾有一物 無名無字〕"

신회선사(神會)[3]가 곧 대답하였다.

"모든 부처님의 근본이요 신회의 불성이옵니다〔諸佛之本源 神會之佛性〕."

이것이 신회가 육조의 서자(庶子)가 된 까닭이다.

또 회양선사(懷讓)[4]가 숭산(嵩山)에서 오자 육조께서 물었다.

---

2. 육조六祖 : 638~713. 중국 선종禪宗의 제6조인 혜능慧能대사. 견성見性하여 그의 법을 이은 제자만 40여 명에 이른다.
3. 신회神會 : 686~760. 하택荷澤선사라고도 함. 낙양 하택사에서 육조의 종지를 크게 드날렸다.
4. 회양懷讓 : 677~744. 육조의 법회에 가서 8년 만에야 견성하고 그 법을 받았다.

"무슨 물건이 이렇게 왔는고(什麽物 恁麽來)?"

회양이 어쩔 줄 몰라 하다가 8년 만에야 스스로 깨달아 말하였다.

"가령 한 물건이라 하여도 맞지 않습니다(說似一物 卽不中)."

이것이 육조의 맏아들이 된 까닭이다.

頌　삼교의 성인 모두가　　三敎聖人
　　이 말에서 나왔느니라　　從此句出
　　뉘라서 말할까?　　　　　誰是擧者
　　눈썹 뽑힐라!　　　　　　惜取眉毛

2.
부처님과 조사가 세상에 나오심은 바람 없는데 물결을 일으킨 것이니라.

불조출세   무풍기랑
佛祖出世가 無風起浪이니라

주해 '부처님과 조사'는 석가세존과 가섭존자요 '세상에 나오심'이란 대비심을 근본으로 삼아 중생을 제도함을 말함이다.

그러나 한 물건(一物)에 준하여 따져 보면 사람마다 면목(面目, 참된 모습)이 본래 원만히 이루어져 있거늘 어찌 남이 연지 찍고 분 발라주기를 기다리랴.

이것이 부처님과 조사가 세상에 나오심을 바람 없는데 물결을 일으킴이라 한 까닭이다.

『허공장경(虛空藏經)』에서

"문자도 마의 업이요〔文字 是魔業〕

이름과 형상도 마의 업이며〔名相 是魔業〕

부처님의 말씀도 마의 업이다〔至於佛語 亦是魔業〕"라고 한 것도 바로 이 뜻이다.

이는 본분(本分)을 바로 들어 보임에 있어서는 부처님이나 조사도 아무런 소용이 없음을 말한 것이다.

頌 하늘과 땅이 빛을 잃고　　乾坤失色
　　해와 달도 어둡구나　　　　日月無光

3.

그러나 법에도 여러 가지 뜻이 있고, 사람에게도 다양한 바탕이 있는 터라, 여러 방편을 만들지 않을 수 없도다.

然 法有多義하고 人有多機하니 不妨施設이로다

주해 법이란 한 물건이요〔法者一物也〕, 사람이란 중생이다〔人者衆生也〕.

법에는 불변(변하지 않는 것)과 수연(인연을 따르는 것)의 두 가지 이치가 있고〔法有不變隨緣之義〕,

사람에는 돈오(頓悟)(단박에 깨침)와 점수(漸修)(오래 닦음)의 두 가지 기틀이 있다〔人有頓悟漸修之機〕.

그러므로 문자나 말로써 가르치는 방편을 베풀지 않을 수 없다.

이것이 바로 "공적으로는 바늘구멍만큼도 용납할 수 없으나, 사적으로는 수레도 오고 간다〔官不容針 私通車馬者也〕"는 것이다.

중생에게 본래부터 원만히 이루어져 있다고는 하지만, 타고난 지혜의 눈이 없기 때문에 윤회를 달게 받는 것이니, 만약 세상을 뛰어넘는 금칼이 아니라면 어떤 이가 무명(無明)의 두꺼운 껍질을 벗겨 내겠는가.

괴로움의 바다를 건너서 즐거운 저 언덕에 오르는 것은 모두 부처님의 대자비한 은혜〔大悲之恩〕 때문이니, 한량없는 목숨을 바칠지라도 그 은혜의 만분의 일조차 갚을 수가 없다.

이는 새로 닦는 이가 부처님과 조사의 깊은 은혜에 감사해야 함을 밝힌 것이다.

頌 왕이 보전에 오르시니   王登寶殿
　　백성들이 노래를 부르네   野老謳歌

4.

억지로 여러 가지 이름을 붙여 마음이다 부처다 중생이다 한 것이니, 이름에 얽매여 알음알이 내지 말라. 다 그대로 옳은 것이다. 생각이 동하면 곧 어긋난다.

強立種種名字하야 或心或佛或衆生하나
不可守名而生解니 當體便是라 動念卽乖니라

주해 한 물건에 '억지로 세 가지 이름(마음·부처·중생)을 붙인 것'은 부처님 말씀(教法)의 부득이함이요, '이름에 얽매여 알음알이 내지 말라' 한 것은 선법(禪法)의 부득이함이다.

한 번 들어 올리고 한 번 억누르며, 갑자기 세우고 갑자기 깨뜨림은, 모두 법왕(法王)께서 내리시는 법령(法令)의 자유자재함이니라.

이는 앞의 글을 맺고 다음 글을 일으키고자, 부처님과 조사의 방편이 각각 다르다는 것을 논한 것이다.

頌 오랜 가뭄 끝에 단비 내리고 久旱逢佳雨
천 리 타향에서 친구 만났네 他鄉見故人

5.
세존이 세 곳에서 마음을 전하신 것은 선지(禪旨)[5]가

---

5. 선지禪旨 : 범어 디야나dhyāna의 음을 따라 선나禪那라 쓰고,

되고, 일생 동안 말씀하신 것은 교문(教門)[6]이 되었다. 그러므로 선은 부처님의 마음이요 교는 부처님의 말씀이라 하느니라.

世尊 三處傳心者가 爲禪旨요 一代所說者는 爲敎門이라 故曰 禪是佛心이요 敎是佛語니라

주해 세 곳이란, 다자탑 앞에서 자리를 절반 나누어 앉으심[7]이 첫째요〔多子塔前分半座 一也〕, 영산회상에서 꽃을 들어 보이심[8]이 둘째요〔靈山會上

줄여서 선(禪)이라 한다. 곧 '조사선(祖師禪)'이다.
6. 교문敎門 : 부처님의 말씀. 부처님께서 가르친 교敎가 진리의 법당法堂에 들어갈 수 있도록 하는 법의 문〔法門〕이 된다고 하여 교문이라 함.
7. 다자탑은 중인도 바이샬리의 서북쪽에 있다. 부처님께서 그곳에서 설법하실 때 가섭존자가 누더기옷을 입고 늦게 왔다. 제자들이 그를 낮추어 보자, 부처님께서 자리를 반으로 나누어 함께 앉을 수 있게 하셨다.
8. 영산은 영축산靈鷲山. 마갈타국의 서울인 왕사성王舍城의 동북쪽에 있다. 이곳에서 설법을 하실 때 하늘에서 꽃비가 내렸다. 부처님께서 그 꽃송이 하나를 들어 보이자, 대중이 무슨 뜻인지 몰라 어리둥절하였는데, 가섭존자만이 빙그레 웃었

擧拈花 二也〕, 사라쌍수 아래에서 관 밖으로 두 발
을 내어 보이심[9]이 셋째이니〔雙樹下槨示雙趺 三也〕,
가섭(迦葉)존자가 선의 등불을 따로 받았다는 것이 이
것이다.

일생 동안 말씀하신 것이란 49년을 설하신
다섯 가지 교이니, 첫째는 인천교(人天敎)[10]요 둘째는
소승교(小乘敎)[11]요 셋째는 대승교(大乘敎)[12]요 넷째는 돈교(頓敎)[13]요 다

다. 이에 부처님께서는 "정법의 눈과 열반의 묘한 마음을 가
섭에게 전한다"고 선언하셨다.
9. 부처님께서 열반에 들자 부처님의 몸을 금으로 만든 관에 모
시고 다시 구리로 만든 덧곽을 씌웠는데, 가섭존자가 먼 곳에
갔다가 열반하신 지 7일 만에 당도하여 부처님 관을 세 번 돌
고 세 번 절하였다. 이때 부처님께서는 관 밖으로 두 발을 내
어 보이셨다.
10. 오계五戒를 지키고 십선十善을 닦으면 천상에 나서 복을 받
게 된다는 가르침.
11. 소승의 범어는 히나야나Hinayāna. '작은 수레'를 뜻한다. 생
각을 끊고 마음을 비워 열반의 고요함을 즐기는 것을 목표
로 삼는 가르침. 아함경·구사론 등이 이에 속한다.
12. 대승의 범어는 마하야나Mahayāna. '큰 수레'를 뜻한다. 모든
중생을 즐겁고 편안하게 해주겠다는 큰 원願을 세운 보살들
을 위한 가르침. 반야경·해심밀경 등이 이에 속한다.
13. 특별한 대근기를 위해 순서대로 도를 닦아 가는 단계를 밟

섯째는 원교[14]이니, 아난존자가 교의 바다를 널리 흐르게 함이 이것이다.

그러므로 선과 교의 근원은 부처님이시고, 선과 교의 갈래는 가섭존자와 아난존자이다.

말 없음으로써 말 없는 데 이르는 것은 선이요〔以無言 至於無言者 禪也〕, 말 있음으로써 말 없는 데 이르는 것은 교이다〔以有言 至於無言者 敎也〕.

또한 마음은 선법이요, 말은 교법이다. 법은 비록 일미이나, 견해는 하늘과 땅만큼 떨어져 있다.

이는 선과 교의 두 갈래 길을 가려 놓은 것이다.

頌 마음 놓고 지내지 말라　　不得放過

지 않고, 모든 지위를 초월하여 단박에 부처가 되는〔成佛〕 도리를 가르친 법문. 유마경·승만경·원각경 등이 이에 속한다.

14. 가장 둥글고 큰 이치를 설한 가르침. 모든 생물과 무생물이 본래 다 성불〔有情無情本是成佛〕한 도리를 밝힌 법문이다. 화엄경·법화경 등이 이에 속한다.

풀 속에 거꾸러지리라　　　草裡橫身
_{초 리 횡 신}

6.

그러므로 누구든지 말에 집착하면 꽃을 들고 미소를 지은 것이 교의 자취로 바뀌고, 마음으로 얻으면 세상의 온갖 잡담들이 모두 교 밖에서 따로 전한 선지가 되느니라.

是故로 若人이 失之於口則 拈花微笑가 皆是敎迹이요 得之於心則世間麁言細語가 皆是敎外別傳禪旨니라

주해　법은 이름이 없는 것이므로〔法無名故〕말로써 일러줄 수 없고, 법은 모양이 없는 것이므로〔法無相故〕마음으로 헤아릴 수 없다.

무엇이라 말하려 하면 벌써 근본 마음 자체를

잃은 것이요, 근본 마음 자체를 잃게 되면 세존께서 꽃을 드신 것과 가섭의 미소가 모두 죽은 이야깃거리로 전락할 뿐이다.

마음으로 얻은 이에게는〔得之於心者〕 장꾼들의 잡담도 요긴한 법문이요, 제비의 울음까지 참 진리의 설법으로 들린다.

이러한 까닭으로 보적선사[15]는 통곡하는 소리를 듣고 깨쳐서 춤추며 기뻐하였고, 보수선사[16]는 거리에서 주먹을 휘두르며 싸우는 사람의 말을 듣고 참 면목을 깨친 것이다.

이는 선·교의 깊고 얕음에 대해 밝힌 것이다.

---

15. 보적선사寶積禪師 : 참선을 하던 그가 거리에 나가 장례식을 구경하다가 상주의 우는 소리를 듣고 크게 깨쳐, 남들은 통곡을 하는데 혼자 한바탕 춤을 추며 뛰놀았다. 그 뒤 마조馬祖스님의 법을 이었다.
16. 보수선사寶壽禪師 : 어느 날 방장화상方丈和尙이 묻기를, "부모가 낳기 전의 네 본래면목이 어떠하냐?"고 묻는데, 대답을 하지 못하였다. 하루는 거리에 나갔다가 어떤 두 사람이 주먹질을 하면서 싸우다가 하는 말이 "참으로 면목없다" 하는 데서 크게 깨쳤다.

| 頌 | 밝은 구슬을 손에 들고　　　　明珠在掌
　　　　이리 굴리고 저리 굴리네　　　　弄去弄來

7.

내가 한마디 말하려 한다.

생각 끊고 인연을 잊은 채 일없이 우두커니 앉았더니, 봄이 오매 풀잎이 절로 푸르구나.

吾有一言하니

絶慮忘緣하고 兀然無事坐하니 春來草自靑이로다

| 주해 | '생각 끊고 인연을 잊었다'는 것은 마음에서 얻은 이를 가리킴이니 이른바 일 없는 도인〔閑道人〕이다. 아. 그 사람은 어떠한가?

　　어디에나　　얽힘없고　　　　本來無緣

애당초에	일없어서	本來無事 (본래무사)
배고프면	밥을먹고	飢來卽食 (기래즉식)
고단하면	잠을자네	困來卽眠 (곤래즉면)
맑은물과	푸른산을	綠水靑山 (녹수청산)
마음대로	오락가락	任意逍遙 (임의소요)
고깃집과	주막거리	漁村酒肆 (어촌주사)
걸림없고	편안할새	自在安閑 (자재안한)
세월이야	오든가든	年代甲子 (연대갑자)
내알바가	아니건만	總不知 (총부지)
봄이되니	예와같이	春來依舊 (춘래의구)
풀잎절로	푸르누나	草自靑 (초자청)

이는 특별히 일념으로 돌이켜 살피는 이(一念廻光者 (일념회광자))를 찬탄한 것이다.

 사람이 없는가 하였는데   將謂無人 (장위무인)

마침 하나가 있구나　　　賴有一個(뇌유일개)

8.
교문은 오직 일심법만을 전하고
선문은 단지 견성법만을 전한다.

敎門(교문)은 惟傳一心法(유전일심법)하고
禪門(선문)은 惟傳見性法(유전견성법)하니라

주해　마음은 거울의 본체와 같고, 성(性)은 거울의 빛과 같도다〔心如鏡之體 性如鏡之光(심여경지체 성여경지광)〕.

성(性)은 스스로 청정한 것이니〔性自淸淨(성자청정)〕, 이를 바로 깨달으면 근본 마음을 얻게 된다〔卽時豁然 還得本心(즉시활연 환득본심)〕.

이는 일념을 얻음의 중요함을 특별히 보인 것이다.

頌 첩첩이 쌓인 산과 흐르는 물　重重山與水

　맑고 깨끗한 우리네 가풍일세　清白舊家風

評 마음에 두 가지가 있다. 하나는 근본인 본래의 마음이요, 둘은 무명으로 상(相)을 취한 마음이다〔一本源心 二無明取相心也〕.

성(性)에도 두 가지가 있다. 하나는 본래의 법성이요, 둘은 상(相)과 마주하는 성(性)이다〔一本法性 二性相相對性也〕.

선학자와 교학자가 이에 미(迷)하여 이름에 집착하고 알음알이 내어서, 옅은 것을 깊다 하고 깊은 것을 옅다 하면서 관(觀)과 행(行)에 큰 병통을 일으키므로, 여기에서 가려 말하는 것이다.

9.

부처님이 설하신 경에서는 먼저 여러 법들을 분별하신 다음 마침내는 공하다는 것을 설했으며, 조사의 가르침은 말자취로 생각의 머리를 끊어버려서 이치가 마음의 근원에 드러나게 함이니라.

然이나 諸佛說經은 先分別諸法하고 後說畢竟空하고
祖師示句는 迹絶於意地하고 理顯於心源이니라

주해 부처님은 만대의 스승이므로 진리를 자세히 가르치셨고, 조사는 상대를 그 자리에서 곧 해탈하게 하므로 깨치는 것만을 위주로 삼았다.

'자취〔迹〕'란 조사의 말 자취요, '생각〔意〕'이란 공부하는 이의 생각이다.

評 함부로 손가락질 하지 말라   胡亂指注

팔은 밖으로 굽지 않느니라　　臂不外曲
　　　　　　　　　　　　　　　　　　　비불외곡

10.

부처님은 활같이 설하시고, 조사들은 활줄같이 설하셨다. 부처님께서 설하신 걸림없는 법은 오로지 일미(一味)로 돌아가게 함이요, 이 일미의 자취를 털어 버려야 조사가 보인 일심(一心)이 드러나노라.

그러므로 "뜰 앞의 잣나무"라는 화두는 용궁의 대장경 속에도 없다고 하는 것이다.

諸佛은 說弓하고 祖師는 說絃하시니 佛說無碍之
제불　　설궁　　　조사　　설현　　　불설무애지

法은 方歸一味라 拂此一味之迹하야사 方現祖師
법　　방귀일미　　불차일미지적　　　방현조사

所示一心이로다
소시일심

故云 庭前栢樹子話는 龍藏所未有底니라
고운 정전백수자화　　용장소미유저

주해 활같이 설하였다는 것은 '굽다'는 뜻이요, 활줄같이 설하였다는 것은 '곧다'는 뜻이며, 용궁의 장경은 용궁에 있는 대장경을 가리킨다.

한 승려가 조주(趙州)[17]께 여쭈었다.

"조사가 서쪽에서 온 뜻이 무엇입니까〔如何是祖師西來意〕?[18]"

"뜰 앞에 잣나무니라〔庭前栢樹子〕."

이것이 바로 격을 벗어난 선지〔格外禪旨〕이다.

頌 고기가 놀면 물이 흐려지고 　魚行水濁

새가 날면 깃털이 떨어진다　　　鳥飛毛落

---

17. 조주趙州 : 778~897. 법명은 종심從諗. 어려서 출가하여 남전南泉선사의 법을 받고, 80세까지 각처로 다니다가 조주의 관음원에서 40년 동안 후학들을 지도하였다. 그의 교화는 참으로 커서 '조주고불趙州古佛'이라 칭한다.
18. '조사가 서쪽에서 온 뜻'이란 달마조사가 전하여 온 특별한 선법을 가리킨다.

11.

그러므로 배우는 이는 먼저 부처님께서 참다운 가르침으로 세우신 불변(不變)과 수연(隨緣)의 두 가지 뜻이 내 마음의 본바탕(性)과 양상(相)이요, 돈오(頓悟)와 점수(漸修)의 두 문이 공부의 시작과 끝임을 자세히 가려 알아야 한다.

그 뒤 교의 뜻을 놓아버리고 오로지 내 마음을 뚜렷이 드러낸 일념(現前一念)으로 선지(禪旨)를 참구하면 반드시 얻는 바가 있나니, 이것이야말로 뛰어난 살 길이니라.

故로 學者는 先以如實言敎로 委辨 不變隨緣二義가 是自心之性相이며 頓悟漸修兩門이 是自行之始終하라

然後에 放下敎義하고 但將自心現前一念하야 參詳禪旨則必有所得하리니 所謂出身活路니라

주해　큰 지혜가 있는 상근기라면 말할 필요가 없지만, 보통 사람은 함부로 건너뛰면 안 된다.

교의(敎義)로 보면 불변(不變)(변하지 않는 것)과 수연(隨緣)(인연을 따르는 것), 돈오(頓悟)(단박에 깨침)와 점수(漸修)(차례로 오래 닦음) 등의 앞과 뒤가 있지만, 선법(禪法)에서는 일념 중에 불변(不變)과 수연(隨緣), 성(性)과 상(相), 체(體)와 용(用)이 원래 동시로, 서로 떠났으나 떠난 것이 아니요〔離卽離非〕, 서로 곧 이것이나 곧 이것이 아니다〔是卽非卽〕.

그러므로 종사(宗師)는 법을 쓰되 말을 떠나 곧바로 일념(一念)을 가리켜서〔直指一念〕 견성(見性)하여 성불(成佛)토록 하는 것〔見性成佛〕이니, 교의(敎義)를 버린다 함이 이것이다.

頌　분명하게 밝은 시절　　明歷歷時

　　　깊은 골에 구름 끼고　　雲藏深谷

　　　그윽하고 고요한 곳　　深密密處

해 비치고 날이 개네　　日照晴空
(일조청공)

12.

대저 배우는 이는 활구[19]만을 참구할 뿐, 사구를 참구하지 말라.

大抵 學者는 須參活句요 莫參死句어다
(대저 학자　　수참활구　　막참사구)

주해 활구(活句)(산말)에서 얻게 되면 부처나 조사의 스승이 되고, 사구(死句)(죽은 말)에서 얻게 되면 제 자신도 구제하지 못한다.

이 뒤로는 특별히 활구를 이야기하여 스스로 깨쳐 들어가게 하고자 한다.

---

19. 활구活句 : 말의 자취가 없고 뜻이 붙을 수 없는 살아 있는 말. 어디에든 무엇에든 걸리게 되면 죽은 말, 곧 사구死句이다.

頌 임제[20]를 보고자 하는가　　**要見臨濟**
　　모름지기 쇠로 된 이라야!　　**須是鐵漢**

評 화두(話頭)에는 말과 뜻의 두 문이 있다.

말을 참구한다는 것은 경절문(徑截門)(지름길인 끊는 법문)의 활구(活句)를 참구함이니〔參句者 徑截門活句也〕, 마음의 길이 끊어지고 말의 길이 끊어져서 더듬어 찾을 수가 없다〔沒心路 沒語路 無摸索故也〕.

뜻을 참구한다는 것은 원돈문(圓頓門)(원교와 돈교 법문)의 사구(死句)를 참구함이니〔參意者 圓頓門死句也〕, 이치의 길도 있고 말의 길도 있어 듣고 이해하고 생각할 수가 있다〔有理路 有語路 有聞解思想故也〕.

---

20. 임제臨濟 : ?~867. 중국 임제종臨濟宗의 개조開祖. 속성은 형 荊씨, 이름은 의현義玄이다. 어려서 출가하여 경을 연구하다 가, 황벽黃檗선사의 지도를 받아 그의 법통을 잇고, 고향인 하북성의 임제원에서 크게 교화하였다. 그의 법을 이은 제자 가 22명 있다.

13.

무릇 참구하는 공안(公案)에 대해 간절한 마음으로 공부를 하되

닭이 알을 품고 있는 것과 같이 하고

고양이가 쥐를 잡을 때와 같이 하고

주린 사람이 밥을 생각하듯이 하고

목마른 사람이 물을 생각하듯이 하고

아기가 어머니를 생각하듯이 하면

반드시 꿰뚫을 때가 있느니라.

凡本參公案上에 切心做工夫하되

如鷄抱卵하며 如猫捕鼠하며 如飢思食하며 如渴思水하며 如兒憶母하면 必有透徹之期니라

주해 조사들의 공안(公案)(화두)이 일천칠백 가지나 있으니, 개에게 불성이 없다〔狗子無佛性〕는 공안과, 뜰 앞의 잣나무〔庭前栢樹子〕와, 삼 세 근〔麻三

斤)²¹, 마른 똥막대기〔乾屎橛〕²²와 같은 것들이다.

닭이 알을 품을 때는 더운 기운이 계속 이어지고, 고양이가 쥐를 잡을 때는 마음과 눈이 움직이지 않으며, 배고플 때 밥을 생각하는 것과 목마를 때 물을 생각하는 것과 아기가 어머니를 생각하는 것은 모두 참된 마음에서 나오는 것일 뿐〔出於眞心〕, 억지로 지어서 내는 마음이 아니기에 간절하다고 하는 것이다.

참선을 할 때 이 간절한 마음 없이 깨친다는 것은 있을 수 없는 일이다〔參禪 無此切心 能透徹者 無有是處〕.

---

21. 마삼근麻三斤 : "어떤 것이 부처입니까?" 하는 물음에, 동산수초洞山守初선사가 대답하기를, "마삼근(삼이 세 근)이니라" 하였다.
22. 간시궐乾屎橛 : "어떤 것이 부처입니까?" 하는 물음에, 운문문언雲門文偃선사가 대답하기를, "간시궐(마른 똥막대기)이니라" 하였다.

14.

참선에는 모름지기 삼요(三要)(요긴한 세 가지)가 있다.

첫째는 대신근(大信根)(큰 신심)이요

둘째는 대분지(大憤志)(분발심)며

셋째는 대의정(大疑情)(큰 의심)이다.

이 가운데 하나라도 빠지면 다리 부러진 솥과 같이 되고 마느니라.

參禪엔 須具三要니 一은 有大信根이요

二는 有大憤志이며 三은 有大疑情이니

苟闕其一하면 如折足之鼎하야 終成廢器니라

주해 부처님께서는 "성불(成佛)함에는 믿음이 뿌리가 된다〔成佛者 信爲根本〕" 하셨고,

영가(永嘉)스님은 "도를 닦는 이는 반드시 뜻을 먼저 세워야 한다〔修道者 先須立志〕" 하셨다.

몽산(蒙山)스님은 "참선하는 이가 화두를 의심하지

않는 것은 큰 병이다〔參禪者 不疑言句 是爲大病〕" 하셨고, 또 "크게 의심하는 데서 크게 깨친다〔大疑之下 必有大悟〕"고 하셨다.

15

밤낮으로 무슨 일을 하면서든지 오직 '개에게 불성이 없다'는 화두를 들고 오나가나 계속 의심하고 의심하여, 이치의 길이 끊어지고 뜻의 길이 없어지고 어떤 맛도 없어져서 마음이 답답할 그때가, 문득 몸과 목숨을 내던질 곳이요 부처가 되고 조사가 되는 대목이니라.

日用應緣處에 只擧狗子無佛性話하야 擧來擧去하며 疑來疑去에 覺得沒理路 沒義路 沒滋味하야 心頭熱悶時가 便是當人放身命處며 亦是成佛作祖底基本也니라

주해 어떤 스님이 조주스님께 물었다.

"개에게 불성이 있습니까 없습니까〔狗子還有佛性也無〕?"

"無(없다)."

이 무(無) 한 글자는 우리 종문의 한 관문[23]으로, 온갖 나쁜 지견들을 꺾어 버리는 연장이며, 모든 부처님의 면목이요, 조사들의 골수이다. 이 관문을 뚫은 뒤라야 가히 부처나 조사가 될 수 있다.

옛 어른이 송하셨다.

頌 조주의 무서운 칼   趙州露刃劒
서릿발처럼 번쩍이네   寒霜光燄燄
무어라 물으려 하면   擬議問如何
네 몸이 두 동강나리   分身作兩段

---

23. 종문의 한 관문〔宗門之一關〕: 선종에서는 화두라는 관문을 통과하여야 견성성불할 수 있다고 하여, 화두를 관문으로 삼고 있다. 이를 조사관(祖師關)이라고도 한다.

16.

화두를
억지로 일으켜 알아맞히려 하지 말고
생각으로 헤아리지도 말고
깨닫기를 기다리지도 말아야 한다.
더 생각할 수 없는 곳까지 나아가 생각하면 마음이 더 갈 곳이 없어서, 늙은 쥐가 소의 뿔에 들어가다가 꼭 잡히듯 하게 된다.
이런가 저런가 따지고 맞추는 것도 식정[24]이요, 생사 따라 굴러다니는 것도 식정이요, 무서워하고 방황하는 것도 식정이다. 요즘 사람은 이것이 병통임을 알지 못하여, 이 식정 속에 빠졌다 솟았다 할 뿐이다.

話頭를 不得擧起處에 承當하며 不得思量卜度하며

---

24. 식정識情 : 식심識心이나 망념妄念과 같은 말이니, 무슨 생각이든 모두 식정이다.

우부득장미대오
又不得將迷待悟니

취불가사량처 就不可思量處하야 사량思量하면 심무소지心無所之가 여노서如老鼠

입우각入牛角하야 변견도단야便見倒斷也니라

又심상尋常에 계교안배저計較安排底도 시식정是識情이요

수생사천류저隨生死遷流底도 시식정是識情이요

파포장황저怕怖慞惶底도 시식정是識情이어늘

금인今人이 부지시병不知是病하고 只管재리허在裡許로 두출두몰頭出頭沒하나니라

주해 화두를 참구하는 데 열 가지 병이 있다〔話頭 有十種病〕.

① 뜻으로써 헤아리는 것〔意根下卜度〕

② 눈썹을 오르내리고 눈을 찡긋하는 것을 뿌리로 삼는 것〔揚眉瞬目處垜根〕(모든 것은 마음이요 불성이니 따로 깊이 알려고 할 필요가 없다고 하는 것)

③ 말로 삶의 방도를 삼는 것〔語路上作活計〕

④ 옛글을 끌어다가 증명하려는 것〔文字中引證〕

⑤ 화두를 들어 억지로 알아맞히려는 것〔擧起處

承當〕

⑥ 다 버리고 일 없는 데 들어앉는 것〔颺在無事匣裡〕

⑦ 있기도 없기도 하다고 하는 것〔作有無會〕

⑧ 참으로 없다고 하는 것〔作眞無會〕

⑨ '도리가 그렇거니' 하는 것〔作道理會〕

⑩ 조급하게 깨치기를 기다리는 것〔將迷待悟也〕.

이 열 가지 병을 여의고 화두를 들 때는, 오로지 정신을 차려서 다만 '무슨 뜻인고?' 의심할 뿐이다.

17.

이 일은 모기가 강철로 된 소에게 덤벼들듯이 묻지도 따지지도 말고, 함부로 주둥이를 댈 수 없는 곳에 목숨을 버릴 각오로 한번 뚫어 보면,

몸뚱이째 사뭇 들어가게 되느니라.

此事는 如蚊子가 上鐵牛하야 更不問如何若何하고
　　차사　　여문자　　상철우　　　갱불문여하약하

下嘴不得處에 棄命一攢하야 和身透入이니라
　하취부득처　기명일찬　　화신투입

주해 이 말씀은 앞에서 말한 뜻을 거듭 다져 활구를 참구하는 이로 하여금 뒷걸음치지 않도록 하려는 것이다.

옛 어른은 이르셨다.

참선을 하려거든 뚫으라 조사관을!
오묘한 깨침은 마음 길이 끊어져야

參禪須透祖師關　妙悟要窮心路絶
참선수투조사관　묘오요궁심로절

18.
공부는 거문고 줄을 조율하듯 팽팽함과 느슨

함이 알맞아야 한다.

너무 애를 쓰면 집착에 빠지기 쉽고, 잊어버리면 무명 속에 떨어지나니, 또렷또렷하고 분명하면서도 촘촘하고 끊어짐 없이 하여야 한다.

工夫(공부)는 如調絃之法(여조현지법)하야 緊緩得其中(긴완득기중)이니
勤則近執着(근즉근집착)이요 忘則落無明(망즉낙무명)하리니
惺惺歷歷(성성역력)하며 密密綿綿(밀밀면면)이니라

주해 거문고를 탈 때 그 줄의 느슨하고 팽팽함이 알맞은 뒤에라야 맑고 아름다운 소리가 흘러나오게 된다.

공부도 이와 같아서 조급히 하면 기혈이 치솟고(急則動血囊(급즉동혈낭)), 잊어버리면 귀신의 굴로 들어간다(忘則入鬼窟(망즉입귀굴)).

느리지도 빠르지도 않게 하라(不徐不疾(불서부질)).

오묘함이 이 속에 있다(妙在其中(묘재기중)).

19.

공부를 하되 걸어가면서 걷는 줄을 모르고 앉아도 앉는 줄을 모르게 되면, 이때 팔만 사천 마군의 떼가 눈 귀 코 등의 육근문(六根門) 앞에 도사리고 있다가, 마음을 따라 온갖 꾀를 부리느니라. 그러나 마음이 움직이지 않는다면 무슨 상관이 있으랴.

工夫가 到行不知行하며 坐不知坐하면 當此之時하야 八萬四千魔軍이 在六根門頭伺候라가 隨心生設하니라 心若不起하면 爭如之何리요

주해 '마'란 나고 죽음(生死)을 즐기는 귀신의 이름이요(魔軍者 樂生死之鬼名也) 팔만 사천 마군은 중생의 팔만 사천 번뇌이다(八萬四千魔軍者 乃衆生 八萬四千煩惱也).

마는 본래 씨가 따로 없지만(魔本無種), 수행을

하나가 바른 생각을 잃으면 이를 근원으로 삼아 퍼져 나오나니, 중생은 환경에 순종하므로 탈이 없고 도 닦는 이는 환경에 역행하므로 마가 대들게 된다.

그러기에 "도가 높아질수록 마도 더 성해진다〔道高魔盛也〕"고 하는 것이다.

선정 중에 상주를 보고 제 다리를 찍거나[25], 돼지를 보고 제 코를 붙잡기도 하는 것이[26], 모두 자기 마음에서 망상을 일으켜 외마(外魔)를 본 사례들이다.

만약 마음에 망상이 일어나지 않으면, 마의 온갖 재주가 물을 베려 하거나 빛을 불어 버리려는

---

25. 옛날 어떤 선사가 좌선하는데, 한 상복을 입은 사람이 송장을 메고 와서 "왜 당신이 우리 어머니를 죽였느냐?"며 달려들기에, 시비 끝에 도끼로 그 상주를 찍었는데, 나중에 보니 자기 다리에서 피가 흐르고 있었다.
26. 어떤 선사는 공부를 하고 있는데 산돼지가 와서 대들기에, 그 코를 잡고 소리치다가 정신 차려 보니 자기 코를 잡고 있었다. 이 모두 제 생각으로 짓는 마이다.

것처럼 헛수고만 될 뿐이다.

옛말에 "벽에 틈이 나면 바람이 들어오고 마음에 틈이 나면 마가 들어온다〔壁隙風動 心隙魔侵〕"고 하였다.

20.

일어나는 마음은 천마[27]요, 일어나지 않는 마음은 음마[28]이며, 혹 일어나기도 하고 일어나지 않기도 하는 것은 번뇌마이다.

그러나 우리 바른 법 가운데에는 본래 이와 같은 것이 없느니라.

起心은 是天魔요 不起心은 是陰魔요

---

27. 천마天魔 : 마왕 파순波旬의 방해. 더 분명히 말하면, 한 생각 일어나는 것이 곧 천마다.
28. 음마陰魔 : 오음마五陰魔라고도 한다. 우리의 감각에 따라 일어나는 반사적인 생각과 동작 전체, 곧 망상과 함께하는 색·수·상·행·식의 오음 모두가 그대로 음마이다.

혹기혹불기   시번뇌마
或起或不起는 是煩惱魔로다

연   아정법중   본무여시사
然이나 我正法中에는 本無如是事니라

주해 대저, 무심한 것은 불도이고〔忘機是佛道〕 분별하는 것은 마의 경계다〔分別是魔境〕. 허나 마의 경계는 꿈속의 일이거늘 어찌 더 길게 말하랴〔魔境夢事 何勞辨詰〕.

21.

공부가 익어 한 조각을 이루게 되면, 비록 금생에 깨치지 못하더라도, 마지막 눈을 감을 때 나쁜 업에 끌리지 않게 되느니라.

공부   약타성일편즉 종금생   투부득   안
工夫가 若打成一片則 縱今生에 透不得이라도 眼

광낙지지시   불위악업소견
光落地之時에 不爲惡業所牽이니라

주해 업이란 어두컴컴한 무명이요〔業者 無明也〕 참선은 반야의 밝은 지혜이다〔禪者 般若也〕. 밝음과 어둠이 서로 맞서지 못함은 당연한 이치 아닌가.

22.

대저 참선인들이여
① 네 가지 은혜〔四恩〕가 깊고 두텁다는 것을 알고 있는가?
② 사대로 된 더러운 이 몸이 생각생각에 썩어가는 것을 알고 있는가?
③ 사람의 목숨이 호흡 한 번 사이에 있음을 알고 있는가?
④ 부처님이나 조사 같은 이를 만나고도 그대로 지나치지는 않는가?
⑤ 위없는 법문을 들으면서 기쁘고 다행스럽다

는 생각을 하고 있는가?

⑥ 공부하는 곳에 머물면서 도 닦는 이의 절개를 지키고 있는가?

⑦ 곁에 있는 사람들과 잡담이나 하면서 지내지는 않는가?

⑧ 사람을 멀리하거나 부추기거나 옳고 그름을 따지고 있지는 않은가?

⑨ 어느 때나 화두가 또렷이 들리고 있는가?

⑩ 이야기를 할 때에도 화두가 끊임없이 이어지고 있는가?

⑪ 보고 듣고 깨닫고 알 때에도 화두가 한 덩어리를 이루고 있는가?

⑫ 제 공부를 돌아보니 부처와 조사를 잡을 만하게 되었는가?

⑬ 금생에 결정코 부처님의 혜명(慧命)을 이을 수 있겠는가?

⑭ 앉고 눕고 편안한 때에 지옥의 괴로움을 생각하는가?

⑮ 이 생에 받은 이 몸으로 결정코 윤회를 벗어날 수 있겠는가?

⑯ 여덟 가지 바람[29]이 불어올 때 마음이 움직이지 않는가?

이것이 참선하는 이들이 공부를 하면서 때때로 점검하여야 할 도리이다.

옛 어른이 이르셨다.

"이 몸을 금생에 건지지 못할진대 어느 생을 기다려 이 몸을 건지리!"

대저 참선자
大抵 參禪者여

환지사은   심후마
① 還知四恩이 深厚麼아

---

29. 여덟 가지 바람[八風] : ①나의 이익[이利] ②내 힘의 쇠퇴[쇠衰] ③나를 비난하고 공격하는 것[훼毁] ④나를 높이 평가하는 것[예譽] ⑤나를 칭찬하는 것[칭稱] ⑥나를 비웃는 것[기譏] ⑦고생되는 것[고苦] ⑧즐거운 것[낙樂].

② 還知^{환 지}四大^{사 대}醜身^{추 신}이 念念^{염 념}衰朽^{쇠 후}麼^마아

③ 還知^{환 지}人命^{인 명}이 在呼吸^{재 호 흡}麼^마아

④ 生來^{생 래}値遇^{치 우}佛祖^{불 조}麼^마아

⑤ 及聞無上法^{급 문 무 상 법}하야 生希有心^{생 희 유 심}麼^마아

⑥ 不離僧堂^{불 리 승 당}하야 守節^{수 절}麼^마아

⑦ 不與隣單^{불 여 인 단}으로 雜話^{잡 화}麼^마아

⑧ 切忌鼓扇是非^{절 기 고 선 시 비}麼^마아

⑨ 話頭^{화 두}가 十二時中^{십 이 시 중}에 明明不昧^{명 명 불 매}麼^마아

⑩ 對人接話時^{대 인 접 화 시}에 無間斷^{무 간 단}麼^마아

⑪ 見聞覺知時^{견 문 각 지 시}에 打成一片^{타 성 일 편}麼^마아

⑫ 返觀自己^{반 관 자 기}하야 捉敗佛祖^{착 패 불 조}麼^마아

⑬ 今生^{금 생}에 決定續佛慧命^{결 정 속 불 혜 명}麼^마아

⑭ 起坐便宜時^{기 좌 편 의 시}에 還思地獄苦^{환 사 지 옥 고}麼^마아

⑮ 此一報身^{차 일 보 신}이 定脫輪廻^{정 탈 윤 회}麼^마아

⑯ 當八風境^{당 팔 풍 경}하야 心不動^{심 부 동}麼^마아

此是參禪人^{차 시 참 선 인}의 日用中點檢底道理^{일 용 중 점 검 저 도 리}니라

古人云 此身不向今生度하면 更待何生度此身이리
_{고인운 차신불향금생도 갱대하생도차신}

주해 ① '네 가지 은혜'란 부모와 나라와 스승과 시주의 은혜이다.

② '사대로 된 더러운 몸'이란, 아버지의 정수 한 방울과 어머니의 피 한 방울은 물의 젖은 기운이요, 정수가 뼈와 살과 가죽이 됨은 땅의 단단한 기운이요, 정수와 피가 한 덩어리로 되어 썩지도 않고 녹아 버리지도 않는 것은 불의 더운 기운이요, 콧구멍이 먼저 뚫려 숨이 통하는 것은 바람의 움직이는 기운이다.

아난존자는 '욕기(欲氣)가 거칠고 탁하고 비리고 더러운 것과 어울려 뭉쳐진다 것〔欲氣麤濁腥臊交遘〕'이라 하였으니, 이것이 '더러운 몸'이라 하는 까닭이다.

'생각생각에 썩어간다'는 것은, 세월이 잠시도

쉬지 않아서 얼굴은 저절로 주름이 잡히고 머리털은 어느새 희어지니, 옛말에

"지금은 이미 옛 모습 없지만〔今旣不如昔〕 옛날에야 어찌 지금 같았을까〔後當不如今〕?" 한 것과 같나니, 과연 무상한 몸이지 않은가!

이 무상이라는 귀신은 죽이는 것을 놀이로 삼나니, 생각할수록 무서울 뿐이다.

③ '**호흡**'의 날숨은 불 기운이요 들숨은 바람 기운이니, 사람의 목숨은 오로지 들이쉬고 내쉬는 숨에 의탁하고 있다.

⑯ '**여덟 가지 바람**'이란 마음에 맞는 것과 거슬리는 것의 두 가지 환경이다.

⑭ '**지옥의 괴로움**'이란 인간의 60겁이 지옥의 하루 낮과 밤이며, 확탕지옥·노탄지옥·검수지옥·도산지옥의 괴로움은 입으로 다 말할 수가 없다.

사람의 몸을 다시 받아 나기가 바다에 떨어진 바늘 찾기보다 더 어렵기 때문에, 불쌍히 여겨 일깨우는 것이다.

評 이상의 법문들은 물의 차고 더움을 마시는 사람 스스로만이 알 뿐인 것과 같다.

총명으로는 업의 힘을 막지 못하고〔聰明不能敵業〕, 건혜(메마른 지혜)로는 괴로운 윤회 면치 못하니〔乾慧未免苦輪〕, 각자가 살피고 생각하여 스스로 속지 말아야 한다〔各須察念 勿以自謾〕.

23.

말을 배우는 무리들은 말을 할 때 깨친 듯하다가도, 경계에 부닥치면 캄캄해지나니, "말과 행이 서로 다르다" 함이 이것이다

^{학어지배} ^{설시사오} ^{대경환미} ^{소위언행}
學語之輩가 說時似悟나 對境還迷니 所謂言行이
^{상위자야}
相違者也라

이는 앞(22)의 '스스로 속는다〔自謾〕'는 것을 맺은 말이다.

주해	말과 행실이 같지 않고서야	^{언행상위} 言行相違
	무슨 소용이 있으랴.	^{허실가변} 虛實可辨

24.

원수인 생사를 막고자 하는가? 모름지기 이 한 생각을 '탁!' 한 번 깨뜨려야만 비로소 생사를 요달하게 되느니라.

^{약욕적생사} ^{수득저일념자} ^{폭지일파}
若欲敵生死인댄 須得這一念子를 爆地一破하야사
^{방요득생사}
方了得生死니라

주해 '탁!'은 새까만 칠통[30]을 깨뜨리는 소리이며, 칠통을 깨뜨려야 생사를 끊을 수 있나니, 부처님들께서 인지(因地)에서 닦은 수행〔因地法行〕은 오직 이것뿐이다.

25.

그러나 한 생각을 '탁!' 한 번 깨뜨린 뒤에는 반드시 밝은 스승을 찾아가 눈알이 바른지를 검사 받아야[31] 한다.

然(연)이나 一念子(일념자)를 爆地一破然後(폭지일파연후)에
須訪明師(수방명사)하야 決擇正眼(결택정안)이니라

---

30. 칠통漆桶 : 무명이 덮인 중생의 마음이 어둡고 검기가 옻을 담은 통과 같음을 비유한 것.
31. 깨침의 정도는 천층 만층이므로 반드시 선지식을 찾아가 점검 받고, 인가印可를 받아야 한다.

주해 이 일은 도무지가 쉽지 않나니, 갈수록 부끄러운 생각을 내어야 한다.

'도道'는 큰 바다와 같아서 들어갈수록 더욱 깊어지나니, 작은 것을 얻는 것으로 만족하지 말라.

깨친 뒤 선지식을 만나지 못하면 제호醍醐와 같은 좋은 맛이 도리어 독약이 되리라.

26.

옛 어른이 이르셨다.

"다만 네 눈 바른 것만 귀히 여길 뿐 너의 행실은 귀하지가 않구나."

古德 云 只貴子眼正이요 不貴汝行履處라
고 덕 운 지 귀 자 안 정   불 귀 여 행 리 처

주해 옛날 위산潙山스님[32]의 물음에 앙산이 답하였다.

---

32. 위산潙山 : 771~853. 법명은 영우靈祐, 성은 조趙씨. 열다섯

"열반경 40권이 모두 마군의 말입니다〔涅槃經四十卷 總是魔說〕."

이것이 앙산[33]의 바른 눈〔正眼〕이다. 앙산이 행실에 대하여 묻자 위산스님이 대답하였다.

"너의 눈 바른 것만을 귀하게 여길 뿐, 너의 행실은 귀하지가 않구나〔只貴子眼正云云 不貴汝行履處〕."

이것이 바른 눈을 뜬 뒤의 행실에 대해 말하는 까닭이다.

살에 출가하고, 23세에 백장百丈선사 밑에서 공부하여 크게 깨쳤다. 그 뒤 위산에 절을 지어, 그곳에서 40여 년 동안 종풍을 크게 떨쳤다. 대중이 항상 1,500명을 넘었고, 법제자만 41명이었다.

33. 앙산仰山 : 814~890. 법명은 혜적慧寂, 성은 섭葉씨. 어려서 출가하려 하였으나 부모가 허락하지 않자, 손가락 둘을 끊고 17세에 비로소 뜻을 이루었다. 처음 탐원耽源선사에게서 깨친 바가 있었으며, 위산선사를 찾아가 참부처의 있는 곳을 물어 크게 깨치고 그의 법을 이었다. 그 뒤 강서성 대앙산에서 교화하다가, 소주 동평산에서 77세로 입적하였다. 뒤에 위산과 앙산의 한 글자씩을 따서 위앙종潙仰宗이라는 종파가 생겨나게 되었다.

그러므로 "공부를 이루려면 먼저 돈오를 해야 한다〔若欲修行 先須頓悟〕"고 하신 것이다.

27.
바라건대 공부하는 이들은 자기의 마음을 깊이 믿어서, 스스로를 굽히거나 높이지 말지어다.
願諸道者는 深信自心하야 不自屈不自高니라

주해 이 마음은 평등하여 본래 범부도 성인도 없지만, 사람들을 보면 어두운 이와 깨친 이가 있고 범부와 성인이 있다. 스승의 가르침을 받아 참 나가 부처와 다름이 없음을 문득 깨치는 것이 돈(단박에 깨침)이니, 이 때문에 스스로를 굽히지 말라 하였으며, '본래 한 물건도 없다〔本來無一物〕'[34]고 한

---

34. 육조 혜능대사 말씀

것이다.

깨친 뒤에 습관들을 끊어 범부를 성인으로 바꾸어 가는 것이 점(漸)(점차로 닦아 감)이니, 이 때문에 스스로를 높이지 말라 하였으며, '부지런히 털고 닦으라〔時時勤拂拭〕'[35]고 한 것이다.

굽히는 것은 교학자의 병통이요〔屈者敎學者病也〕 높이는 것은 선학자의 병통이다〔高者禪學者病也〕.

교학자(피를 배우는 이)는 선문(禪門) 속의 깨쳐 들어가는 비결이 있음을 믿지 않고, 방편의 가르침에 깊이 걸려서 참과 거짓을 구별하고 집착하여, 관행(觀行)을 닦지 않은 채 남의 보배만 헤아리기 때문에 스스로 뒷걸음질을 치게 된다.

선학자(참선을 하는 이)는 교문(敎門) 속에 닦고 끊는 바른길이 있음을 믿지 않고, 물든 습관이 일어날지라도 부

---

35. 신수(神秀)대사의 말씀

끄러워할 줄 모르며, 공부가 시작 단계에 있는데도 법에 대한 교만심이 많아 자신을 높이는 말을 한다.

그러므로 마음을 닦는 이는 이 뜻을 잘 알아서 스스로를 굽히지도 높이지도 말아야 한다〔得意修心者 不自屈不自高〕.

評 스스로 굽히지도 높이지도 말라 함은 초심(初心)이라는 '인(因) 속에 과(果)의 바다가 갖추어져 있음〔因該果海〕'을[36] 간략히 나타낸 것으로, 오직 이 하나의 경지만 믿어도 되지만, 55위[37]로써 보살들이 얻는 '과(果)가 근원인 인과 통하고 있음〔果徹因源〕'을 널리 나타내고 있다.

---

36. 인해과해因該果海·과철인원果徹因源은 청량국사淸凉國師의 『화엄경소』에 있는 말이다.

37. 55위五十五位: 『능엄경楞嚴經』에서 밝힌 보살의 수행 과정. 십신十信·십주十住·십행十行·십회향十廻向·사가행四加行·십지十地를 낱낱이 다 지나 올라가야 성불하게 된다고 하였다.

28.

마음을 모르고 도를 닦으면 무명만 도와줄 뿐이니라.

迷心修道하면 但助無明이니라

주해 철저히 깨치지 못한다면 어찌 참되이 닦을 수 있으랴! 깨달음과 닦음은 기름과 불이 서로 따르고 눈과 발이 서로 돕는 것과 같다〔悟修之義 如膏明相賴 目足相資〕.

29.

수행의 요점이 무엇인가?

다만 범부의 생각이 다하는 것일 뿐, 성인만의 알음알이(깨달음)는 따로 없느니라.

修行之要는 但盡凡情이언정 別無聖解니라

주해 병이 나아 약을 쓰지 않게 되니, 앓기 전의 그 사람이로다〔病盡藥除 還是本人〕.

30.

중생의 마음을 버리려 하지 말고 다만 제 본성을 더럽히지 말라.

정법을 구하는 것이 곧 삿됨이니라.

不用捨衆生心이요 但莫染汚自性하라

求正法이 是邪니라

주해 버리고 구하는 것이 다 더럽힘이다〔捨者求者 皆是染汚也〕.

31.
번뇌를 끊는 것이 이승(二乘)이요

번뇌가 나지 않음이 대열반이니라.

斷煩惱가 名二乘이요

煩惱不生이 名大涅槃이니라

주해 끊는다 함은 주체와 객체가 있음이요〔斷者能所也〕, 나지 않음은 주체와 객체가 없음이다〔不生者無能所也〕.

32.
모름지기 마음을 비우고 스스로를 비추어 보아, 인연 따라 일어나는 한 생각이 남이 없다는 것을 믿어야 한다.

須虛懷自照하야 信一念緣起無生하라

이는 단지 본성의 일어남만을 밝힌 것이다.

33.

살생·도둑질·음행·거짓말 등이 일심에서 일어났음을 살펴보라. 그 일어나는 곳이 오히려 고요한데 무엇을 다시 끊으리!

諦觀 殺盜淫妄이 從一心上起라
_{제관 살도음망 종일심상기}

當處便寂이니 何須更斷이리
_{당처변적   하수갱단}

이는 성(性 본성)과 상(相 양상)을 함께 밝힌 것이다.

評 경에 "한 생각도 일어나지 않아야 무명을 아주 끊은 것이라 한다〔不起一念 名爲永斷無明〕" 하였고, "생각이 일어나면 즉시 깨달아라〔念起卽覺〕" 하였다.

34.

환(幻)인 줄 알면 곧 떠나는 것이니 더 이상 방편을 지을 것이 없고, 환을 떠나면 곧 깨친 것이니 다시 닦아 가야 할 것이 없느니라.

知幻卽離라 不作方便이요
離幻卽覺이라 亦無漸次니라

주해 마음은 환(幻)(꼭두각시 환상 허깨비)을 만드는 기술자요〔心爲幻師也〕 몸은 환이 사는 마을이다〔身爲幻城也〕. 세계는 환의 옷이요〔世界幻衣也〕 이름과 형상은 환의 밥이다〔名相幻食也〕.

뿐만이 아니라 마음을 일으키고 생각을 내는 것, 거짓말과 참말 등 어느 것 하나 환 아닌 것이 없다. 또

시작을 알 수 없는 환과 같은 무명은

모두가 원각(圓覺)의 마음에서 나왔도다

환들은 모두가 허공꽃과 같나니

환이 없어지면 곧 부동지(不動地)니라

無始幻無明 皆從覺心生
무시환무명 개종각심생

幻幻如空花 幻滅名不動
환환여공화 환멸명부동

마치 꿈에 창병이 나서 의사를 찾다가, 잠에서 깨어나면 방편이 필요 없듯이, 환인 줄을 알게 되면 또한 이와 같다.

35.

중생이 남이 없는 [無生] 가운데 망령되이 생사와 열반을 보는 것은, 허공에서 꽃이 피었다가 사라짐을 보는 것과 같으니라.

衆生於無生中에 妄見生死涅槃은 如見空花起
중생어무생중 망견생사열반 여견공화기

滅이니라

주해 본성에는 본래 남이 없기 때문에 생사와 열반이 없고, 허공에는 본래 꽃이 없기 때문에 꽃이 피었다가 사라질 까닭이 없다.

생사가 있다고 보는 것은 허공꽃의 피어남을 보는 것과 같고, 열반이 있다고 보는 것은 허공꽃의 사라짐을 보는 것과 같다.

곧 피어나도 본래 피어남이 없고 사라져도 본래 사라짐이 없나니, 이 두 가지 소견에 대해 더 이상 궁리하고 따질 것이 없다〔起本無起 滅本無滅 於此二見 不用窮詰〕.

그러므로 『사익경』에 이르셨다.

"부처님이 세상에 나오심은 중생을 제도하기 위함이 아니라, 오직 생사와 열반에 대한 두 소견을 제도하기 위함이니라〔諸佛出世 非爲度衆生 只爲

度生死涅槃二見耳〕."

36.

보살이 중생을 제도하여 열반에 들게 할지라도, 실로 열반을 얻은 중생은 없느니라.

菩薩이 度衆生入滅度나 又實無衆生得滅度니라

주해 보살은 다만 생각들을 중생으로 삼나니, 생각의 실체가 공함을 요달하면 중생을 제도한 것이 된다〔菩薩 只以念念 爲衆生也 了念體空者 度衆生也〕.

생각이 이미 비어 고요하면 실로 제도할 중생이 따로 없다.

이상은 믿음〔信〕과 이치의 깨침〔解〕을 논한 것이다.

37.

이치는 비록 단박 깨칠 수 있으나, 버릇은 한꺼번에 가셔지지 않느니라.

理雖頓悟나 事非頓除니라
(이수돈오) (사비돈제)

주해 문수보살은 천진(天眞)을 요달했고〔文殊達天眞〕, 보현보살³⁸은 연기(緣起)에 밝나니〔普賢明緣起〕, 알기는 번갯불과 같으나 행동은 궁자(窮子)(빈궁한 아들. 법화경의 비유)와 같도다.

여기부터는 닦음〔修〕과 증득〔證〕에 대해 논한다.

38.

음란하면서 참선하는 것은 모래를 쪄서 밥을 지으려는 것과 같고, 살생하면서 참선하는 것

---

38. 문수文殊·보현普賢 : 문수보살은 지혜와 본래 성불한 천진 면목을, 보현보살은 육도만행과 모든 법이 인연을 따라 일어나는 작용을 상징하는 보살이다.

은 제 귀를 막고 소리를 지르는 것과 같고, 도둑질하면서 참선하는 것은 새는 그릇에 물을 채우고자 함과 같고, 거짓말하면서 참선하는 것은 똥으로 향을 만들려는 것과 같나니, 아무리 지혜가 많다 할지라도 악마의 길을 이룰 뿐이다.

帶淫修禪은 如蒸沙作飯이요 帶殺修禪은 如塞耳叫聲이요 帶偸修禪은 如漏巵求滿이요 帶妄修禪은 如刻糞爲香이니 縱有多智라도 皆成魔道니라

여기부터 수행 궤범인 삼무루학(三無漏學)[39]을 밝힌다.

주해 소승은 계법(戒法)을 지키는 것으로 계율을 삼기 때문에 나타난 것만을 대강 다스리지만, 대승은 마음을 거두는 것으로 계율을 삼기 때문에 그 미

---

39. 삼무루학三無漏學 : 세 가지 새어 나감이 없는 공부. 곧 계율과 선정과 지혜가 그것이며, 줄여서 계정혜戒定慧 삼학三學이라고도 한다.

세한 뿌리까지 끊는다. 그러므로 법을 지키는 계율은 몸으로 범하는 일만 없으면 되고, 마음을 지키는 계율은 생각으로 범하는 일까지 없어야 한다.

음행은 청정함을 끊고〔淫者 斷淸淨〕

살생은 자비심을 끊고〔殺者 斷慈悲〕

도둑질은 복과 덕을 끊고〔盜者 斷福德〕

거짓말은 진실을 끊는다〔妄者 斷眞實也〕.

어쩌다가 지혜를 이루어 육신통(六神通)까지 얻었다 할지라도, 살생과 도둑질과 음행과 거짓말을 끊지 않으면, 반드시 악마의 길에 떨어져 깨달음의 바른길〔菩提正路〕을 영영 잃어버리게 된다.

이 네 가지 계율은 온갖 계율의 근본이므로 따로이 밝힌 것이니, 생각으로도 범하는 일이 없어야 한다.

후회 없는 것을 계율이라 하고〔無憶曰戒〕

망념 없는 것을 선정이라 하며〔無念曰定〕

헛되지 않은 것을 지혜라 한다〔莫妄曰慧〕.

또 계율은 도둑을 잡는 것이요〔戒爲捉賊〕

선정은 도둑을 묶어 놓는 것이며〔定爲縛賊〕

지혜는 도둑을 죽이는 것이다〔慧爲殺賊〕.

또 계의 그릇이 견고하여야〔戒器完固〕

선정의 물이 맑게 고이고〔定水澄淸〕

지혜의 달이 두루 나타나게 된다〔慧月方現〕.

이 계·정·혜 삼학(戒定慧三學)은 참으로 만법의 근원이 되기 때문에, 특별히 밝혀 새어 나가는 일들이 없게 하려는 것이다.

영산회상에 어찌 함부로 지내는 부처가 있으며〔靈山會上 豈有無行佛〕, 소림 문하에 어찌 거짓말 하는 조사가 있으랴〔少林門下 豈有妄語祖〕.

39.

덕이 없는 사람은 부처님의 계율에 의지하지 않으며, 몸과 말과 뜻의 삼업(三業)을 지키지 않는다 함부로 놀거나 게을리 지내고 남을 깔보거나 업신여기며 옳고 그름을 따지는 것으로 근본을 삼는다.

無德之人(무덕지인)은 不依佛戒(불의불계)하며 不護三業(불호삼업)하며 放逸懈怠(방일해태)하며 輕慢他人(경만타인)하며 較量是非(교량시비)로 而爲根本(이위근본)하니라

주해 한 번 마음 계율을 깨뜨리면 온갖 허물이 함께 일어난다〔一破心戒 百過俱生(일파심계 백과구생)〕.

評 이와 같은 마(魔)의 무리들이 말법(末法) 시대에 불붙듯 일어나서 정법(正法)을 어지럽게 하나니, 공부하는 이는 잘 알아두라.

40.

만약 계행이 없으면 심한 피부병 걸린 여우의 몸도 받지 못한다 하였거늘, 하물며 청정한 보리의 열매를 가히 바랄 수 있겠는가.

若不持戒하면 尙不得疥癩野干之身이온대 況淸淨菩提果를 可冀乎아
_{약불지계} _{상부득개라야간지신} _{황청} _{정보리과 가기호}

주해 계율 존중하기를 부처님 모시듯이 하면 부처님께서 늘 옆에 계시는 것과 같나니〔重戒如佛 佛常在焉〕모름지기 풀에 매여 있었던 일[40]과 거위를 살린 옛일[41]을 본보기로 삼아야 한다.

---

40. 옛날 인도에서, 한 비구가 들을 지나다가 도둑을 만났다. 도둑은 옷을 빼앗은 다음 풀에 매어 두고 가 버렸다. 비구는 풀이 끊어질까 염려하여, 더위와 배고픔을 참으며 움직이지 않았다. 마침 사냥을 나왔던 왕이 발견하여 풀어준 다음, 그 까닭을 듣고 크게 감동하여 불교에 귀의하였다.
41. 한 비구가 보석을 연마하는 집에 가서 탁발을 하였는데, 마침 왕의 홍보석을 갈고 있던 주인이 잠시 안으로 들어간 사이에 거위가 그 보석을 먹어 버렸다. 주인이 나와 보석을 찾다가 비구를 의심하여 힐문하였는데, 본 대로 말한다면 거

41.

나고 죽는 데서 벗어나고자 하면, 먼저 탐욕을 끊고 애욕의 불을 꺼 버려야 한다.

欲脫生死인댄 先斷貪欲하고 及除愛渴이니라

주해 사랑은 윤회의 근본이 되고, 욕정은 몸 받는 인연이 된다[愛爲輪廻之本 欲爲受生之緣].

부처님께서 이르셨다.

"음심을 끊지 못하면 티끌 속에서 나올 수 없다[淫心不除 塵不可出]."

또 "은혜와 사랑에 한 번 얽히게 되면 사람을 끌어다가 죄악의 문 안에 처넣는다[恩愛一縛着 牽人入罪門]"고 하셨다.

위는 당장에 죽게 될 것이므로 모른다고 하였다. 주인이 비구를 묶어 놓고 마구 때리자 피가 흘렀고, 거위는 땅에 떨어지는 피를 먹고 있었다. 주인은 홧김에 거위를 발로 차서 죽였다. 그제야 비구는 사실대로 말하였고, 주인은 눈물로 참회하며 진심으로 귀의하였다.

애성의 불〔愛渴〕이란 정과 사랑이 매우 간절함을 나타낸 말이다.

42.
걸림없는 맑은 지혜는 모두 선정으로부터 나온다.

無碍淸淨慧가 皆因禪定生이니라
(무애청정혜) (개인선정생)

주해 범부를 뛰어넘어 성인이 되고〔超凡入聖〕 앉아서 죽고 서서 가는 것〔脫立亡者〕은 모두 선정의 힘이니라. 그러므로 옛 어른이 이르셨다.

"거룩한 길 찾는가? 이 밖의 딴 길은 없다〔欲求聖道 離此無路〕."

43.

마음이 선정 속에 있으면 세간에서 일어나고 사라지는 일들을 능히 알게 되느니라.

_{심재정즉 능지세간생멸제상}
心在定則 能知世間生滅諸相이니라

주해 햇살 비치는 작은 문틈에 　　虛隙日光 _{허극일광}
　　　가는 티끌들이 고물거리고 　纖埃擾擾 _{섬애요요}
　　　맑고 고요한 호수의 물에 　　清潭水底 _{청담수저}
　　　온갖 그림자 또렷이 비치노라 影像昭昭 _{영상소소}

44.

대상을 접할 때 마음이 일어나지 않음을 불생(不生)이라 하고, 불생을 '무념(無念)'이라 하며, 무념을 해탈(解脫)이라 하느니라.

_{견경심불기 명불생 불생 명무념 무념}
見境心不起가 名不生이요 不生이 名無念이요 無念이

名^명解^해脫^탈이니라

주해 계율·선정·지혜 가운데 하나만 들면 셋이 모두 갖추어지게 된다〔戒^계也^야定^정也^야慧^혜也^야 擧^거一^일具^구三^삼〕. 하나씩 따로 있는 것이 아니다.

45.

도를 닦아 열반을 얻는다고 하면 이 또한 참됨이 아니요, 마음 법이 본래 고요함을 아는 것이 참된 열반이다. 그러므로 "온갖 것이 본래부터 늘 그대로 열반이다"라고 한 것이니라.

修^수道^도證^증滅^멸이 是^시亦^역非^비眞^진也^야요 心^심法^법本^본寂^적이 乃^내眞^진滅^멸也^야라
故^고曰^왈 諸^제法^법從^종本^본來^래로 常^상自^자寂^적滅^멸相^상이라 하니라

주해 눈은 스스로를 볼 수가 없다. 눈이 제 눈을

본다면 참이 아니다〔眼不自見 見眼者妄也〕. 그러므로 묘수보살[42]은 생각으로 따졌는데, 정명거사[43]는 말이 없었다.

이 아래에서는 자잘한 행실에 대해 낱낱이 말한다.

46.

가난한 이가 와서 구걸하면 분수대로 베풀어 주어라. 동체대비가 참된 보시니라.

貧人이 來乞커든 隨分施與하라
同體大悲가 是眞布施니라

주해 나와 남이 둘 아닌 것이 동체요〔自他爲一曰

---

42. 묘수보살 : 문수사리보살의 다른 이름. 문수文殊는 '묘묘하다'는 뜻이고, 사리師利는 '머리〔首〕, 또는 덕德·길상吉祥 등의 뜻이다.
43. 정명거사 : 유마힐, 또는 유마維摩라고도 한다. 유마경에서 문수보살과 불이법문을 논할 때 유마거사는 침묵하였다.

同體), 빈손으로 왔다가 빈손으로 가는 것이 우리네 살림살이다〔空手來空手去 吾家活計〕.

47.

누가 와서 해롭게 하더라도 마음을 잘 단속하여 성을 내거나 원망하지 말라. 한 생각 성내는 데서 온갖 장애의 문이 열리느니라.

有人이 來害어든 當自攝心하야 勿生瞋恨하라 一念瞋心起하면 百萬障門開니라

주해 번뇌가 한량이 없으나 성내는 것보다 더한 것은 없다.

『열반경』에 "창칼로 찌르거나 치료약을 발라주는 두 가지에 다 무심하라〔塗割兩無心〕[44]" 하였

---

44. 한 사람은 와서 칼로 그의 팔을 찍어 내고, 한 사람은 와서

으니, 성내는 것은 찬 구름 속에서 벼락이 일어남
과 같은 것이다〔瞋如冷雲中 霹靂起火來〕.

48.
만약 참는 행실이 없다면 어떠한 보살행도 이루
지 못하느니라.

若無忍行하면 萬行不成이니라

주해 수행의 방법이 한량없지만〔行門雖無量〕
자비와 인욕이 근본이 된다〔慈忍爲根源〕.
그러므로 옛 어른이 이르셨다.

참는 마음이 환과 꿈 같다면　　忍心如幻夢

전단향의 물로 씻어주고 좋은 약을 발라줄 경우, 미워하거
나 감사한 생각이 함께 없어야 한다는 것이다.

욕보는 현실은 거북의 털과 같다 辱境若龜毛

49.
본바탕 천진한 마음을 지키는 것이 첫째가는 정진이니라.

守本眞心이 第一精進이니라

주해 만약 정진할 생각을 일으킨다면 이는 망상이지 정진이 아니다〔若起精進心 是妄非精進〕. 그러므로 옛 어른이 이르시기를 "망상 내지 말아라. 망상 내지 말아라〔莫妄想 莫妄想〕" 한 것이다. 게으른 사람은 늘 뒤만 돌아보나니, 이는 스스로를 포기한 사람이다〔懈怠者常常望後 是自棄人也〕.

50.

진언을 외는 까닭이 무엇인가? 금생에 지은 업은 다스리기 쉬워서 나의 힘으로 고칠 수 있으나, 전생에 지은 업은 지우기가 어려워서 반드시 신비한 힘을 빌려야 한다.

持呪者는 現業易制라 自行可違나 宿業難除라
必借神力이니라

주해 마등가[45]가 법의 열매를 얻었다는 것은 참으로 거짓이 아니다. 그러므로 진언을 외우지 않으면 마의 장애를 완전히 떠날 수 없다.

---

45. 마등가摩登伽 : 인도에서 가장 천한 신분. 그들 가운데 발길제鉢吉帝라는 여인이 요망한 주술로 아난존자를 유인하여 방안에 붙잡아 두었다. 그때 문수보살이 정광신주頂光神呪로 두 사람을 제도하자, 여인은 기원정사로 가서 부처님의 설법을 듣고 아라한阿羅漢이 되었다.

51.

예배는 공경이요 굴복이다. 참된 본성을 공경하고 무명을 굴복시키는 것이다.

禮拜者는 敬也伏也니 恭敬眞性하고 屈伏無明이니라
_{예배자 경야복야 공경진성 굴복무명}

주해 몸과 말과 뜻이 모두 청정하면 부처님의 나타나심이다〔身口意淸淨 則佛出世〕.

52.

염불이란 입으로만 하면 송불이요 마음으로 해야 염불이다. 입으로만 부르고 마음으로 생각하지 않으면 도를 닦아도 이익됨이 없느니라.

念佛者는 在口曰誦이요 在心曰念이니
徒誦失念하면 於道無益이니라

주해 '나무아미타불' 여섯 글자 법문은 결정코 윤회를 벗어나는 지름길이다. 마음으로 부처님과 그 세계를 생각하여 잊지 않고〔心則緣佛境界 憶持不忘〕, 입으로 부처님 명호를 분명히 불러 산란하지 않아야 한다〔口則稱佛名號 分明不亂〕. 이와 같이 마음과 입이 서로 합치되는 것이 염불이다〔如是心口相應 名曰念佛〕.

평 오조홍인 스님께서 이르셨다.

"자기의 참 마음을 지키는 것이 시방의 부처님을 생각하는 것보다 낫다〔守本眞心 勝念十方諸佛〕."

육조혜능 스님께서 이르셨다.

"항상 다른 부처님만 생각하면 생사를 면치 못하지만, 자기의 본심을 지키면 곧 피안에 이른다〔常念他佛 不免生死 守我本心 卽到彼岸〕."

또 이르셨다.

"부처는 제 성품 속에서 짓는 것. 몸 밖에서 구하지 말라〔佛向性中作 莫向身外求〕."

또 이르셨다.

"모르는 사람은 염불하여 극락세계에 나기를 원하지만, 깨친 사람은 그 마음을 스스로 깨끗이 할 뿐이다〔迷人念佛求生 悟人自淨其心〕."

또 이르셨다.

"대저 중생이 마음을 깨쳐 스스로를 건지는 것일 뿐, 부처님이 중생을 건지는 것은 아니다〔大抵衆生悟心自度 佛不能度衆生〕."

이러한 말씀처럼 여러 어른들은 근본 마음을 똑바로 가르쳤을 뿐 다른 방편을 쓰지 않았으니, 이치로 말하자면 참으로 이와 같다. 그러나 현상으로 보면 극락세계와 아미타불과 사십팔대원이 분명히 있으므로, '무릇 열 번 염불을 하는 이는〔凡念十聲者〕 그 원의 힘을 입어 연꽃〔蓮〕 속의 태에 왕생하고 쉽게 윤회를 벗어난다'는 것을 삼세의 모든 부처님께서 다 같이 말씀하셨고, 시방의 보살 모두가 극락왕생하기를 원하였다.

하물며 옛날이나 지금이나 극락세계에 왕생한 사람들의 사적이 분명하게 전하여지고 있으니, 공부하는 이들이여, 그릇되이 알지 말라. 부디부디!

범어 '아미타(阿彌陀)'는 '한량없는 수명〔無量壽〕', '한량없는 광명〔無量光〕'이란 뜻이니, 시방과 삼세에서 첫째가는 부처님의 명호이다. 이 부처님 전생 이름은 법장비구(法藏比丘)로 세자재왕불(世自在王佛) 앞에서 48원을 세우고 말씀하셨다.

"제가 성불하였을 때, 한량없는 시방세계의 천인과 인간들은 물론이요 작은 벌레들까지도, 나의 이름을 열 번만 부르면 반드시 나의 국토에 와서 나게 하겠나이다〔念我名十聲者 必生我刹中〕.

만약 이 원이 실현되지 못하면 결코 성불하지

않겠나이다〔不得是願 終不成佛〕."

옛 어른이 이르셨다.

> 한 번의 염불 소리에　　　　唱佛一聲
> 악마들은 두려움에 떨고　　天魔喪膽
> 이름이 저승 문서에서 지워지며　名除鬼簿
> 연꽃이 금못에서 피어난다　蓮出金池

『예념미타도량참법』에 이르셨다.

"제힘과 남의 힘이 하나는 더디고 하나는 빠르다〔自力他力 一遲一速〕.

바다를 건너고자 하는 사람이〔欲越海者〕 나무 심어 배를 만든 다음에 건너고자 하면 더딜 것이니 이는 제힘에 비유한 것이요〔種樹作船遲也 比自力也〕, 남의 배를 빌려서 바다를 건넌다면 빠를 것이니 이는 부처님의 힘에 비유한 것이다〔借船越海

速也 比佛力也〕."

또 이르셨다.

"어린아이가 물이나 불로 인해 다급하게 부르짖으면 부모가 듣고 급히 달려와서 구원하듯이, 사람이 임종할 때 큰 소리로 염불하면 신통 갖춘 부처님은 반드시 와서 맞아 가신다〔如人臨命終時 高聲念佛 則佛具神通 決定來迎爾〕.

그러므로 '부처님의 자비는 부모보다도 더 깊고〔是故 大聖慈悲 勝於父母也〕, 중생의 나고 죽음은 저 물과 불보다 더 참혹하다'고 한 것이다〔衆生生死 甚於水火也〕."

어떤 이는 주장한다.

"제 마음이 정토인데〔自心淨土〕 새삼 정토에 가서 날 것이 무엇이며 자성이 아미타불인데〔自性彌陀〕 아미타를 보려 할 것이 있는가?"

이 말은 옳은 듯 옳지 않다.

부처님은 탐욕과 성냄이 없다. 나도 탐욕과 성냄이 없는가?

부처님은 지옥을 연꽃세계로 바꾸기를 손바닥 뒤집듯이 하신다. 나는 죄업의 힘 때문에 늘 지옥에 떨어질까 두려워하거늘, 어찌 지옥을 연꽃세계로 바꿀 수 있으랴?

부처님은 한량없는 세계를 눈앞에 있는 듯이 보시지만, 우리는 담 밖의 일조차 모르거늘 어찌 시방세계를 눈앞에 있는 듯이 볼 수 있으랴?

그러므로 사람들의 본성은 곧 부처님이지만 현실의 행동은 중생이요, 모양과 작용으로 논하자면 하늘과 땅만큼의 간격이 있다.

규봉선사(圭峰禪師)[46]가 이르셨다.

---

46. 규봉圭峰 : 780~841. 법명은 종밀宗密, 속성은 하何씨. 28세에

"설혹 단박에 깨쳤다 할지라도 결국은 점차로 닦아 가야 한다〔設實頓悟 終須漸行〕."

참으로 옳으신 말씀이다.

그러므로 '자성이 아미타불'이라고 주장하는 이여. 어찌 타고난 천생(天生) 석가가 있으며 자연히 생겨난 아미타불이 있겠는가? 모름지기 잘 헤아려 보면 어찌 스스로 알지 못하리오.

숨이 끊어지는 임종을 당하여 마지막 큰 고통이 일어날 때 자유자재할 것 같은가?

만약 그렇지 못할 터이면 한때의 배짱을 부리다가 영영 악도에 떨어지는 일이 없도록 하라. 마명보살[47]과 용수보살[48]은 대조사들이셨지만, 분명

과거를 보러 가다가 도원(道圓)선사를 만나 출가하여 참선을 하던 중 재(齋)에 가서 『원각경』을 읽다가 깨쳤다. 그 뒤 화엄종의 제5조(五祖)가 되었으며, 선(禪)과 교(敎)의 일치를 주장하였다.

47. 마명(馬鳴) : 부처님께서 열반한 6백 년 뒤, 중인도에 출현한 대보살

48. 용수(龍樹) : 부처님께서 열반한 7백 년 뒤, 남인도에 출현한 대보살

히 왕생의 길 닦기를 간절히 권하셨거늘, 나는 어떤 사람이기에 왕생을 바라지 않는가!

또 부처님께서 "서방 정토가 여기에서 멀다. 십만(十惡)팔천(八邪) 국토를 지나가야 한다〔西方去此遠矣 十萬(十惡)八千(八邪)〕"고 하신 것은 둔한 사람들을 위해 겉모습만 말씀하신 것이다.

그리고 어떤 때는 "서방정토가 멀지 않다. 마음이 곧 부처다(중생이 곧 아미타불)〔西方去此不遠 卽心是佛〕" 하셨으니, 이는 영리한 사람들을 위해 본성을 깨우친 것이다.

교문에는 방편과 진실이 있고 말씀에는 드러남과 비밀이 있지만〔敎有權實 語有顯密〕, 아는 것과 행함이 일치하는 이는 멀거나 가깝거나 두루 통하게 된다.

그러므로 조사의 문하에서도 혜원(慧遠)스님과 같이 아미타불을 부른 이가 있었고, 서암(瑞巖)선사와 같이

'주인공'을 부른 이가 있었던 것이다.

53.

경을 들으면 귀를 거친 인연도 있게 되고, 따라서 기뻐한 복도 짓게 된다. 물거품 같은 몸은 다할 날이 있지만, 참다운 행실은 없어지지 않느니라.

聽經(청경)은 有經耳之緣(유경이지연)과 隨喜之福(수희지복)이라 幻軀(환구)는 有盡(유진)이나 實行(실행)은 不亡(불망)이니라

이는 지혜롭게 배우면 금강석을 먹는 것과 같고[49], 칠보를 받아 가지는 것보다 더 나음을 밝힌 것이다.

---

49. 여식금강如食金剛 : 『화엄경』「여래출현품」에 있는 말. 금강석을 먹으면 소화되지 않고 그대로 몸 밖으로 나온다. 그와 같이 불교에 어떤 인연을 맺게 되면, 필경 번뇌와 고통을 뚫고 빛나는 해탈 경계를 이루게 된다.

주해 영명연수선사[50]가 이르셨다.

"듣고서 믿지 않더라도 부처 될 종자를 심게 되고〔聞而不信 尙結佛種之因〕, 배워서 이루지 못하더라도 인천의 복보다 뛰어나다〔學而不成 猶盖人天之福〕."

54.

경을 보되 자기의 마음속을 향해 공부를 지어가지 않으면, 비록 만 권의 대장경을 다 볼지라도 아무런 이익이 없느니라.

看經을若不向自己上做工夫하면雖看盡萬藏이라도
猶無益也니라

---

50. 영명연수永明延壽 : 904~975. 성은 왕王씨. 법안종法眼宗의 제3조요, 정토종淨土宗의 제6조이다.

이는 어리석게 배우면 봄날에 새가 울고 가을밤에 벌레가 우는 것과도 같음을 밝힌 것이다.

주해 규봉 종밀선사가 이르셨다.

"경의 글자를 새기는 것으로는 결코 깨칠 수가 없다〔識字看經 元不證悟〕.

글귀나 익히고 말풀이나 하면 탐욕과 진심과 사견만 더 성해질 뿐이다〔銷文釋義 唯熾貪瞋邪見〕."

55.

공부가 도에 이르기 전에 남에게 자랑하고 한갓 말재주로써 상대를 이기려 함은, 변소에 단청을 하는 것과 같으니라

學未至於道하고 衒耀見聞하야 徒以口舌辯利로
相勝者인댄 如厠屋塗丹艧이니라

특별히 말세의 어리석은 공부에 대해 밝힌 것이다.

주해 공부는 본래 제 본성을 닦는 것인데(學本修性), 남에게 보이기 위해 공부한다면 도대체 이것이 무슨 마음일까?

56.

출가한 사람이 외전을 공부하는 것은 마치 보배 칼로 흙을 깎는 것 같아서, 흙도 쓸모없이 되고 칼도 상하느니라.

出家人이 習外典하면 如以刀割泥하야 泥無所用이요
而刀自傷焉이니라

주해 문밖으로 나온 장자의 아이들

불난 집으로 도로 들어가누나

문외장자자 환입화택중
門外長者子 還入火宅中

57.

출가하여 승려가 됨이 어찌 작은 일이랴! 몸을 편안히 하려는 것도 아니요, 잘 입고 배불리 먹으려는 것도 아니며, 명예와 재물을 구하려는 것도 아니다. 나고 죽음을 면하기 위함이요, 번뇌를 끊기 위함이요, 부처님의 혜명(慧命)을 잇기 위함이요, 삼계(三界)를 벗어나 중생을 건지기 위함이니라.

출가위승 기세사호 비구안일야 비구온포
出家爲僧이 豈細事乎아 非求安逸也며 非求溫飽
야 비구이명야 위생사야 위단번뇌야 위
也며 非求利名也라 爲生死也며 爲斷煩惱也며 爲
속불혜명야 위출삼계도중생야
續佛慧命也며 爲出三界度衆生也니라

주해 가히 하늘을 찌를 대장부로다〔可謂衝天大丈夫〕.

58.

부처님께서 이르셨다.

"덧없는 불이 온 세계를 태워 버린다."

"중생들의 고생 불이 사방에서 타오른다."

"번뇌의 도둑들이 늘 너희를 죽이려 엿보고 있다"하시니,

도 닦는 이는 마땅히 스스로를 깨우쳐서 머리에 붙는 불을 끄듯이 할지어다.

_{불운 무상지화 소제세간}
佛云 無常之火가 燒諸世間이라

_{우운 중생고화 사면구분}
又云 衆生苦火가 四面俱焚이라

_{우운 제번뇌적 상사살인}
又云 諸煩惱賊이 常伺殺人하시니

_{도인 의자경오 여구두연}
道人은 宜自警悟하야 如救頭燃이어다

주해 몸에는 나고 늙고 병들고 죽는 것이 있고 〔身有生老病死〕, 세계에는 생겨나고 머무르고 파괴되고 없어짐이 있고〔界有成住壞空〕, 마음에는 일

어나고 머물고 변하고 사라짐이 있다[心有生住異滅]. 이러한 무상함과 괴로움의 불이 사방에서 한꺼번에 타오르고 있다.

깊은 이치를 공부하는 이들이여 謹白參玄人
부디 세월을 헛되이 보내지 말라 光陰莫虛度

59.

세상의 뜬 이름을 탐하는 것은
부질없이 몸만 괴롭히는 것이요
이익을 구하고자 허덕이는 것은
업의 불에 섶을 더 보탬이로다.

貪世浮名은 枉功勞形이요
營求世利는 業火加薪이니라

주해 '세상의 뜬 이름을 탐한다'는 것에 대한 어떤 이의 시.

기러기 하늘 멀리 날아갔으나
발자취는 모래 위에 남아 있고
사람은 황천으로 이미 갔건만
그 이름은 아직 집에 남아 있네

鴻飛天末迹留沙　人去黃泉名在家
_{홍비천말적류사　인거황천명재가}

'이익을 구하고자 허덕인다'는 것에 대한 어떤 이의 시.

온갖 꽃을 옮아가며 애써 모은 꿀
가만 앉아 입 다신 이 그 누구런가

採得百花成蜜後　不知辛苦爲誰甛
_{채득백화성밀후　부지신고위수첨}

'부질없이 몸만 괴롭힌다'는 것은 얼음을 조각하여 훌륭한 예술품을 남기려는 것과 같고, '업의 불에 섶을 더 보탠다'는 것은 빛깔이나 향기가 거칠고 더러운 불을 일으키는 재료가 될 뿐이라는 말이다.

60.
이름과 재물을 따르는 납자는 초야에 묻힌 사람만도 못하다.

名利衲子는 不如草衣野人이니라
(명리납자)   (불여초의야인)

주해 왕의 자리에 침을 뱉고 설산(雪山)으로 들어가는 것은 천 분의 부처님이 출현하실지라도 바뀌지 않는 법칙인데, 말세의 양의 바탕〔羊質〕에 범의 껍질〔虎皮〕을 쓴 무리들이 염치도 없이 바람에 쏠리고 세력 따라 아첨하고 잘 보이려 하니, 아! 그 버릇을 언제 고치랴.

세상 명리에 마음이 물든 이는 권세의 문에서 아부하다가 풍진에 부대끼어 도리어 속인들의 웃음거리만 된다. 이런 납자[51]를 '양질호피(羊質虎皮)'라 하나니, 이러한 행동을 많이 하기 때문이다.

61.

부처님께서 이르셨다.

"어찌하여 도둑이 나의 옷을 입고 부처를 팔아 나쁜 업을 짓는가?"

佛云(불운)하시대 云何賊人(운하적인)이 假我衣服(가아의복)하고 稗販如來(비판여래)하야
造種種業(조종종업)고

---
51. 납자衲子 : 수행자. 특히 참선하는 이.

주해 말법시대의 비구에게는 여러 가지 이름이 있다. 박쥐중〔鳥鼠僧〕이라고도 하고, 벙어리 염소중〔啞羊僧〕이라고도 하고, 머리 깎은 거사〔禿居士〕라고도 하고, 지옥 찌꺼기〔地獄滓〕라고도 하고, 가사 입은 도둑〔被袈裟賊〕이라 한다. 아, 그 까닭이 무엇인가?

'부처님을 판다'고 함은 인과를 믿지 않고 죄도 복도 없다고 하면서, 몸과 입으로 물 끓듯이 업을 짓고 사랑과 미움을 쉴 새 없이 일으킴이니, 참으로 가엾은 일이다.

승려도 속인도 아닌 체하니 '박쥐중', 설법을 못하니 '벙어리 염소중', 승려의 모양에 속인의 마음을 가졌으니 '머리 깎은 거사', 죄악이 하도 무거워 옮겨갈 수가 없으니 '지옥 찌꺼기'라 하고, 부처님을 팔아서 살아가니 '가사 입은 도둑'이라 하나니, 가사 입은 도둑이기 때문에 이러한 여러 가지 이름을 얻게 되는 것이다.

62.

아! 불자여. 한 벌 옷과 한 그릇 밥이 농부의 피와 길쌈하는 여인의 땀이거늘, 도의 눈이 밝지 않고서야 어찌 이를 삭여낼 수 있겠는가.

_{오 희 불 자}
於戱라 佛子야

_{일 의 일 식   막 비 농 부 지 혈   직 녀 지 고}
一衣一食이 莫非農夫之血이요 織女之苦어늘

_{도 안   미 명   여 하 소 득}
道眼이 未明하고야 如何消得이리요

주해 『전등록』에 이르셨다.

"옛날 어떤 도인이 도의 눈이 밝지 못했기 때문에, 죽은 뒤 나무버섯이 되어 시주의 은혜를 갚았느니라."

63.

그러므로 이르셨다.

"털을 쓰고 뿔을 이고 있는 것이 무엇을 일러 주고 있는지를 아느냐? 바로 지금 쓸데없이 신도의 보시를 받고 있는 이의 장래 모습이다."

배고프지 않은데 또 먹고 춥지 않은데도 옷을 더 챙기니, 이 무슨 마음일까?

도무지 생각지를 않는구나. 눈앞의 쾌락이 후생의 고통인 줄을!

_{고왈 요식피모대각저마   즉금허수신시자시}
故曰要識披毛戴角底麽아 卽今虛受信施者是니라

_{유인   미기이식   미안이의   시성하심재}
有人은 未飢而食하며 未寒而衣하니 是誠何心哉아

_{도부사 목전지락   변시신후지고야}
都不思 目前之樂이 便是身後之苦也로다

주해 『대지도론』에, "한 도인이 좁쌀 다섯 알 때문에 소가 되어, 살아서는 힘껏 일을 해주고 죽어서는 가죽과 살로써 갚았다" 하였으니, 쓸데없이 신도의 보시를 받으면 이와 같이 갚지 않을 수 없다.

64.

그러므로 이르셨다.

"차라리 뜨거운 쇠를 몸에 두를지언정 신심 있는 이가 주는 옷을 입지 말고, 차라리 구리 물을 마실지언정 신심 있는 이가 주는 음식을 먹지 말며, 차라리 끓는 가마 속에 뛰어들지언정 신심 있는 이가 주는 집을 받지 말라."

故曰 寧以熱鐵纏身이언정 不受信心人衣요
寧以洋銅灌口이언정 不受信心人食이요
寧以鐵鑊投身이언정 不受信心人房舍等이라

주해 『범망경』에 이르셨다.

"파계한 몸으로는 신심 있는 이가 주는 공양이

나 물건을 받지 말지니, 보살이 이러한 원을 세우지 않으면 경구죄를 얻게 되느니라."

65.

그러므로 이르셨다.

"도를 닦는 이는 음식 먹기를 독약 먹듯이 하고, 보시받기를 화살 받듯이 할지니, 융숭한 대접과 달콤한 말은 도 닦는 이가 두려워할 바이니라."

故曰 道人은 進食을 如進毒하고 受施를 如受箭이니
幣厚言甘은 道人所畏니라

주해 '음식 먹기를 독약 먹듯이 하라'는 것은 도의 눈을 잃을까 두려워함이요〔畏喪其道眼也〕, '보시받기를 화살 받듯이 하라'는 것은 도의 열매를 잃을까 두려워함이다〔畏失其道果也〕.

66.

그리고 이르셨다.

"도 닦는 이는 한 개의 숫돌과 같다. 장서방이 와서 갈고 이생원이 와서 갈면 남의 칼은 잘 들게 되겠지만, 나의 돌은 점점 닳아 없어지게 된다. 그런데 어떤 이는 남들이 와서 제 돌에 칼을 갈지 않는 것을 걱정하니 참으로 딱한 일이로다."

故曰 修道之人은 如一塊磨刀之石이니 張三也來磨하며 李四也來磨하야 磨來磨去에

別人刀는 快하나 而自家石은 漸消라

然이나 有人은 更嫌他人이 不來我石上磨하니

實爲可惜이로다

주해 이렇게 도를 닦는 이의 평생소원은 배불리 먹고 따뜻하게 입는 것이라네〔如此道人 平生所向 只在溫飽〕.

67.

그러므로 옛말에 또 이르셨다.

"삼악도의 고통은 고통도 아니다. 가사를 입었다가 사람의 몸을 잃는 것이 진짜 고통이다."

故로 古語에 亦有之曰 三途苦가 未是苦라
袈裟下失人身이 始是苦也니라

주해 옛 어른이 이르셨다.

"금생에 마음을 밝히지 못하면 한 방울의 물도 소화시키기 어렵다〔今生未明心 滴水也難消〕."

왜냐하면 '가사를 입었다가 사람의 몸을 잃기'

때문이다.

불자여, 불자여! 아프고 분하게 생각하라〔佛子
佛子 憤之激之〕.

68.

우습다. 이 몸이여! 아홉 구멍에서 더러운 것이 늘 흘러나오고, 백 가지 천 가지의 부스럼 덩어리를 한 조각 엷은 가죽으로 싸 놓았구나.
또 이 가죽 주머니에 똥과 피고름이 가득할 새, 구리고 더러운데 탐하고 아낄 것이 무엇인가? 하물며 백 년 동안 잘 길러 주어도 숨 한 번 사이에 은혜를 등지지 않더냐!

咄哉라 此身이여 九孔常流하고 百千癰疽에 一片
薄皮라

又云 革囊에 盛糞膿血之聚하야 臭穢可鄙라 無貪

惜_석之_지온

何_하況_황百_백年_년將_장養_양한들 一_일息_식背_배恩_은이리오

주해 위에서 말한 업들은 모두 이 몸 때문에 생긴 것이니, 소리 질러 꾸짖고 깊이 경계해야 할 것이다.

이 몸은 모든 애욕의 근본이라, 이 몸이 허망한 줄 알면, 모든 애욕이 저절로 사라지게 된다〔此_차身_신諸_제愛_애根_근本_본 了_요之_지虛_허妄_망 則_즉諸_제愛_애自_자除_제〕.

이 몸을 탐착하는 데서 한량없는 허물과 근심이 일어나니, 이를 특별히 밝혀 도 닦는 눈을 열어 주고자 함이다.

評 네 원소〔四_사大_대〕는 주인이 될 수 없으므로 네 원수가 한 군데 모였다 하고〔一_일爲_위假_가四_사冤_원〕, 네 가지 은혜〔四_사恩_은〕를 등지므로 네 마리 뱀을 함께 기른다

고 한다〔一爲養四蛇〕.

 나의 허망함을 깨닫지 못하므로 남에게 성을 내고 교만을 부리며, 남의 허망함을 깨닫지 못하므로 나에게 성을 내고 교만을 부리나니, 두 귀신이 한 송장을 두고 싸우듯 함이로다.

 이 한 송장을 가리켜 물거품 뭉치〔泡聚〕라고도 하고, 꿈 덩어리〔夢聚〕, 고생바가지〔苦聚〕, 거름더미〔糞聚〕라 하나니, 빨리 부패할 뿐 아니라 더럽기가 짝이 없다.

 위의 일곱 구멍에서는 눈물·콧물 등이 늘 흐르고, 아래 두 구멍에서는 대소변이 늘 흘러나오고 있지 않은가.

 그러므로 밤낮으로 몸을 깨끗이 하고 대중 가운데 참례해야 하나니 깨끗하지 못한 이는 선신(善神)들이 반드시 배척하느니라.

 『인과경(因果經)』에서는 "더러운 손으로 경을 만지거나 부처님 앞에서 가래침을 뱉는 이는 반드시 내생에 뒷간 벌레가 된다" 하였고, 『문수경(文殊經)』에서는 "대소변 시에 목석과 같이하여 말하거나 소리를 내지 말고, 벽에 그림이나 글씨도 쓰지 말며, 함부로 침을 뱉지 말라" 하였으며, "변소에 다녀와서 씻지 않은 이는 좌선하는 자리에 앉지도 말고 법당에 오르지도 말라" 하였다.

69.

죄를 지었으면 곧 참회하고, 잘못을 했으면 곧 부끄러워하여야 대장부의 기상이 있음이로다. 또 허물을 고쳐 스스로를 새롭게 하면 죄업도 마음을 따라 없어지느니라.

有罪卽懺悔하고 發業卽慚愧하면 有丈夫氣象이요
又改過自新하면 罪隨心滅이니라

주해 참회(懺悔)는 먼저 지은 허물은 뉘우치고 뒷날 다시 짓지 않기로 맹세함이요〔懺其前愆 悔其後過〕, 부끄러워함〔慚愧〕은 안으로 자기를 꾸짖고 밖으로 자기 잘못을 드러내는 것이다〔慚責於內 愧發於外〕.

그러나 마음은 본래 비고 고요하여 죄업이 붙어 있을 곳이 없다〔心本空寂罪業無寄〕.

70.

도를 닦는 이가 마땅히 마음을 단정히 하고 검소함과 진실함을 근본으로 삼으면, 표주박 하나에 누더기 한 벌로 어디를 가든지 걸릴 것이 없느니라.

道人은 宜應端心하야 以質直爲本하야 一瓢一衲으로 旅泊無累니라

주해 부처님께서 "마음은 곧은 줄과 같아야 한다〔心如直絃〕." 하셨고, 또 "곧은 마음이 도량이다〔直心是道場〕" 하셨다.

만약 몸에 대해 탐착하지 않게 되면 어디를 가도 묶일 것이 없다.

71.

범부들은 바깥 경계만 취하고, 도 닦는 이는 마음만 붙잡으려 한다. 그러나 마음과 경계를 함께 잊어야 이것이 곧 참된 법이니라.

凡夫는 取境하고 道人은 取心이니
心境兩忘하야사 乃是眞法이니라

주해 '바깥 경계만 취한다'는 것은 목마른 사슴이 아지랑이를 물인 줄 알고 쫓아가는 것과 같고

〔如鹿之趁空花也〕, '마음만 붙잡으려 한다'는 것은 원숭이가 물에 비친 달을 잡으려는 것과 같다〔如猿之捉水月也〕.

바깥 경계와 마음이 비록 다르나 병통이기는 매한가지이다.

이는 범부와 이승을 함께 논한 것이다.

頌 천지에는 진나라의 해와 달이 없고

산하에는 한나라 군신이 보이지 않네

天地尚空秦日月　山河不見漢君臣

72.

성문은 숲속에 가만히 앉아 있어도 마왕에게 붙잡히고, 보살은 세간을 자유롭게 노닐어도 외도와 마군이 보지 못하느니라.

聲聞은 宴坐林中이나 被魔王捉하고
菩薩은 遊戲世間이나 外魔不覓이니라

주해 성문은 고요함을 지키는 것으로 닦음을 삼기 때문에 마음이 늘 움직이고, 마음이 움직이면 귀신이 보게 된다〔心動則鬼見也〕. 보살은 성품이 스스로 비고 고요하다는 것을 알기 때문에 자취가 없고 자취가 없으면 외도와 마군들이 보지 못한다〔無迹則外魔不見〕.

이는 이승과 보살을 함께 논한 것이다.

頌 춘삼월 꽃길에서 한가로이 노니는데

한 집만 빗속에서 문을 닫고 근심하네

三月懶遊花下路　一家愁閉雨中門

73.

임종이 가까워지면 관할지니라.

나의 오온(五蘊)은 모두 공하고 사대(四大)로 된 이 몸은 나라고 할 것이 없다. 참 마음은 모양이 없어서 가는 것도 아니요 오는 것도 아니니, 날 때에도 본성은 난 바가 없고 죽을 때도 본성은 가지 않는다. 지극히 맑고 원만하고 고요하며, 마음과 대상은 하나요 나눌 수가 없다.

오로지 이와 같이 관하여 단박 깨치고 보면 삼세 인과에 얽매이지 않게 되나니, 세상을 뛰어넘은 자유인이로다. 부처님을 보아도 따라갈 마음이 없고, 지옥을 보아도 두려운 마음이 없어야 한다. 다만 스스로 무심하면 법계와 같아지나니, 이것이야말로 가장 요긴한 대목이다.

그러나 평소에 닦는 것이 씨가 되고 임종할 때 그 열매를 맺게 되나니, 도 닦는 이는 이를 잘

살펴볼지니라.

凡人^{범인}이 臨命終時^{임명종시}에 但觀^{단관}하라 五蘊皆空^{오온개공}하야 四大^{사대}
無我^{무아}하고 眞心無相^{진심무상}하야 不去不來^{불거불래}니 生時^{생시}에도 性^성
亦不生^{역불생}하며 死時^{사시}에도 性亦不去^{성역불거}로다 湛然圓寂^{담연원적}하고
心境^{심경}이 一如^{일여}라

但能如是^{단능여시}하면 直下頓了^{직하돈요}하야 不爲三世所拘^{불위삼세소구}
繫^계니 便是出世自由人也^{변시출세자유인야}라 若見諸佛^{약견제불}이라도 無^무
心隨去^{심수거}하며 若見地獄^{약견지옥}이라도 無心怖畏^{무심포외}니 但自無^{단자무}
心^심하면 同於法界^{동어법계}니 此卽是要節也^{차즉시요절야}라

然則平常^{연즉평상}은 是因^{시인}이요 臨終^{임종}은 是果^{시과}니 道人^{도인}은 須着^{수착}
眼看^{안간}하라

주해 죽기 싫은 늘그막에야 부처님과 친해지네

〔怕死老年親釋迦^{파사노년친석가}〕

頌 이런 때에 자기를 밝히며 잘 나아가라

백 년 세월이 순식간에 굴러간다

好向此時明自己　百年光影轉頭非
_{호향차시명자기　백년광영전두비}

74.

임종을 할 때 털끝만큼이라도 범부다 성인이다 하는 생각이 남아 있으면, 나귀나 말의 배 속에 끌려 들어가거나 지옥의 끓는 가마 속에 처박히거나 개미 또는 모기 같은 것이 되기도 하느니라.

凡人이 臨命終時에 若一毫毛라도 凡聖情量이 不盡하고 思慮를 未忘하면 向驢胎馬腹裡하야 托質하며 泥犁鑊湯中에 煮爍하며 乃至依前再 爲螻蟻蚊虻이니라

주해 송나라 백운선사가 이르셨다.

"비록 범부다 성인이다 하는 생각이 털끝만큼도 남아 있지 않다 할지라도, 나귀나 말의 뱃속에 들어가는 것을 면하지 못 하리라."

두 소견이 번뜩이면 육도의 여러 갈래 길로 들어가게 된다〔二見星飛 散入諸趣〕.
_{이견성비 산입제취}

頌 모진 불이 활활 타고 烈火茫茫
_{열화망망}
보배 칼이 번쩍인다 寶劍當門
_{보검당문}

評 이 두 구절(73과 74)은 종사가 무심으로 도에 합하는 문을 특별히 연 것으로, 염불하여 극락왕생하는 문은 방편으로 막아 놓았다. 그런데 사람마다 바탕과 그릇이 같지 않고 뜻과 원이 다르니, 무심문과 염불문이 서로 방해되지 않는다.

바라건대 도 닦는 이들은 평소에 분수대로 각기 노력하여 마지막 찰나에(임종을 할때) 의심하거나 후회하지 말라〔願諸道者 平常隨分 各自努力 最後刹那 莫生疑悔〕.

75.

참선하는 이가 본지풍광(本地風光)[52]을 밝히지 못하면, 높고 아득한 현관(玄關)을 어떻게 꿰뚫으랴!

어떤 이는 아주 끊어 없앤 공〔斷滅空〕으로써 선을 삼기도 하고, 의식 없는 공〔無記空〕으로써 도를 삼기도 하고, 일체가 다 없다〔一切俱無〕는 것으로써 높은 소견을 삼기도 하지만, 이 모두가 어둡고 알맹이 없는 공의 병이 깊어진 것이니, 지금 천하에서 선을 말하는 사람 대부분은 이런 병에 걸려 있느니라.

---

52. 본지풍광 : 본바탕의 참모습. 본래면목本來面目·천진면목天眞面目·법성法性·실상實相·열반涅槃·보리菩提라고 하는 것 등이 모두 이와 같은 뜻이다.

禪學者가 本地風光을 若未發明則 孤峭玄關을
擬從何透리요
往往斷滅空으로 以爲禪하며 無記空으로 以爲道하며
一切俱無로 以爲高見하나 此는 冥然頑空이니 受
病幽矣니 今天下之言禪者가 多坐在此病이니라

주해 향상의 제1관〔向上一關〕에는 발을 들여놓을 문이 없다. 운문선사가 이르셨다.

"빛을 꿰뚫지 못하는 것은〔光不透脫〕

두 가지 병[53]이 있기 때문이요〔有兩種病〕

법신을 꿰뚫는 데에도〔透過法身〕

또한 두 가지 병[54]이 있나니〔亦有兩種病〕

---

53. 목주화상을 찾아갔다가, 닫는 문에 발이 끼어 다리가 부러지는 순간, 도를 깨친 운문종의 개산조 운문선사의 말씀이다. "빛을 꿰뚫지 못하게 되는 두 가지 병은 온갖 것에 밝지 못하여 눈앞에 무엇이 있는 듯한 병과, 온갖 법의 빈 이치를 알았더라도 어렴풋이 무엇이 있는 듯하여 완전히 꿰뚫지 못한 병이다" 하셨다.
54. "법신을 뚫는 데도 두 가지 병이 있다. 법신 경계에까지 갔

모름지기 낱낱이 꿰뚫어야 한다[須――透得始得].”

頌 우거진 풀밭 길을 걷지 않으면 不行芳草路
꽃이 지는 마을에 언제 이를까 難至落花村

76.

종사 또한 병이 많다.

병이 귀와 눈에 있는 이는 눈을 부릅뜨고 귀를 기울이고 머리를 끄덕이는 것으로써 선을 삼으며, 병이 입과 혀에 있는 이는 횡설수설 되지도 않은 말과 함부로 '할'을 하는 것으로써 선을 삼으며, 병이 손발에 있는 이는 나아갔다 물

더라도 법에 대한 집착을 잊어버리지 못하는 것이 한 가지 병이요, 법신을 꿰뚫었다 하더라도 어떤 숨 기운[氣息]이 아직 남아 있는 것 또한 병이니라” 하셨다.

러갔다 이쪽저쪽 가리키는 것으로써 선을 삼으며, 병이 속에 있는 이는 현묘한 이치를 연구하여 인정을 넘어서고 소견을 여의는 것으로써 선법을 삼느니라. 사실대로 말하자면 어느 것이고 병 아닌 것이 없다.

宗師(종사)도 亦有多病(역유다병)하니 病在耳目者(병재이목자)는 以瞠眉努目(이당미노목)과 側耳點頭(측이점두)로 爲禪(위선)하며 病在口舌者(병재구설자)는 以顚言倒語(이전언도어)와 胡喝亂喝(호할난할)로 爲禪(위선)하며 病在手足者(병재수족자)는 以進前退後(이진전퇴후)와 指東畵西(지동화서)로 爲禪(위선)하며 病在心腹者(병재심복자)는 以窮玄究妙(이궁현구묘)와 超情離見(초정이견)으로 爲禪(위선)하나니 據實而論(거실이론)하면 無非是病(무비시병)이니라

주해 부모를 해친 이는 부처님께 참회하면 되지만〔殺父母者 佛前懺悔(살부모자 불전참회)〕, 반야를 비방한 이는 참회할 길이 없느니라〔謗般若者 懺悔無路(방반야자 참회무로)〕.

頌 허공의 그림자를 잡아도 묘하지 않은데

세상 밖을 노니는 것 뭐가 그리 장할까

공 중 촬 영 비 위 묘　물 외 추 종 기 준 기
空中撮影非爲妙　物外追蹤豈俊機

77.

본분종사가 법을 드러내어 보이심은 나무 사람이 노래를 하는 것과 같고, 화롯불에 눈이 떨어지는 것과 같고, 번갯불이 번쩍이는 것과 같아서, 전혀 더듬거나 헤아릴 수 없느니라. 그러므로 옛 어른이 스승의 은혜[55]를 알고 말하였다.

"스님의 도덕을 중하게 여김이 아니라, 오직 스님께서 저에게 해설하여 주지 않은 것에 감격하

---

55. 스승의 은혜〔師恩〕: 동산洞山화상이 그 법사되는 운암雲巖선사를 위하여 재齋를 올리면서 한 말이다. 운암선사께서 임종할 때 일러주신 법문을, 훨씬 뒤에 물을 건너다가 비로소 크게 깨쳤으므로 이렇게 말한 것이다.

고 있습니다."

本分宗師의 全提此句는 如木人唱拍이요 紅爐點雪이요 亦如石火電光이니 學者實不可擬議也니라

故로 古人이 知師恩曰 不重先師道德이요 只重先師不爲我說破라

주해 말 말아라 말 말아라

　　　　남의 붓끝에 오를라

　　　　　　　　　　　　　　　　不道不道
　　　　　　　　　　　　　　　　恐上紙墨

頌 화살이 강물에 뜬 달을 꿰뚫으니

　　그가 바로 독수리 잡는 이로구나

　　箭穿江月影　須是射鵰人

78.
공부하는 이는 먼저 종파의 갈래부터 자세히

가려서 알아야 한다. 옛날 마조스님[56]이 한 번 '할'을 하자 백장스님[57]은 귀가 먹고 황벽스님[58]은 혀가 빠졌다. 이 한 번의 '할'이 부처님께서 꽃을 드신 소식이요 달마대사의 처음 오신 면목이니, 아! 이것이 임제종의 근원이니라.

大抵學者는 先須詳辨宗途니
昔에 馬祖一喝也에 百丈은 耳聾하고 黃檗은 吐舌하니 這一喝은 便是拈花消息이며 亦是達摩初來底面目이라 吁라 此臨濟宗之淵源이니라

주해 법을 아는 이가 무섭다 　識法者懼

---

56. 마조馬祖 : 709~788. 법명은 도일道一, 속성은 마馬씨. 남악南嶽에 가서 회양懷讓선사의 법을 이었다. 그의 법을 받은 제자는 139인이다.
57. 백장百丈 : 720~814. 어려서 출가하여 대장경을 열람하였고, 뒤에 마조선사의 법을 이었다. 그는 선원의 모든 규칙과 경제적인 기초를 세운『백장청규百丈清規』를 정립하였다.
58. 황벽黃檗 : ?~850. 법명은 희운希運. 백장선사의 법을 이었으며, 임제종의 개조인 임제선사의 스승이다.

소리 내면 곧바로 후려쳐라 　和聲便打(화성변타)

頌 마디라고는 없는 한 자루 주장자를

은근히 내어 주네 밤길 가는 손님께

杖子一枝無節目　慇懃分付夜行人
(장자일지무절목　은근분부야행인)

評 마조스님의 한 번 '할'에 백장스님은 대기(大機)를 얻었고, 황벽스님은 대용(大用)을 얻었다.

　대기는 둥글게 두루 응하는 것이요[大機者 圓應爲義(대기자 원응 위의)], 대용은 곧바로 끊는 것이니[大用者 直截爲義(대용자 직절 위의)], 이에 대한 것들은 『전등록』에 실려 있다.

79.

임제의 할과 덕산의 방망이가 무생(無生)의 이치를 철저히 꿰뚫어서 대기와 대용이 자재하여 걸림 없고, 온몸으로 출몰하여 온몸을 짊어진 뒤 물러서서 문수와 보현의 大人境界(대인경계)를 지키지만, 실상대로 말하자면 임제와 덕산 이 두 분도 마음 훔친 도깨비를 면치 못하느니라.

臨濟喝(임제할) 德山棒(덕산방)이 皆徹證無生(개철증무생)하야 透頂透底(투정투저)라 大機大用(대기대용)이 自在無方(자재무방)하여 全身出沒(전신출몰)하며 全身擔荷(전신담하)하야 退守文殊普賢大人境界(퇴수문수보현대인경계)니 然(연)이나 據實而論(거실이론)컨댄 此二師(차이사)도 亦不免偸心鬼子(역불면투심귀자)니라

주해 시퍼런 취모리검　　　凜凜吹毛(늠름취모)

　　　그 칼날에 다치지 말라　　不犯鋒鋩(불범봉망)

頌 번쩍번쩍 물에 뛰는 서릿발 구슬인가

　　구름 걷힌 하늘에 흘러가는 저 달인가

爍爍寒光珠媚水(삭삭한광주미수) 寥寥雲散月行天(요요운산월행천)

80.

대장부는 부처님과 조사를 원수처럼 보아야 하나니, 부처님께 매달려 구하면 부처에 얽매이고, 조사에게 매달려 구하면 조사에 매이게 된다. 구함이 있으면 다 괴로움이니, 일이 없는 것만 같지 못하니라.

大丈夫는 見佛見祖를 如寃家하나니 若着佛求하면
被佛縛이요 若着祖求하면 被祖縛이라
有求皆苦니 不如無事니라

주해 '부처와 조사를 원수처럼 보라'는 것은 첫머리의 '바람 없는데 물결을 일으킨 것이다〔無風起浪〕(2, p.11)[59]'라고 한 말의 맺음이요, '구함이 있으면 다 괴로움이다'는 것은 '다 그대로 옳은 것

---
59. 괄호 안의 앞 번호는 원문의 번호이고, 뒤는 현재 책의 페이지임.

이다〔當體便是〕(4, p.15)'라고 한 말을 맺음이며, '일이 없는 것만 같지 못하다'는 것은 '생각이 동하면 곧 어긋난다〔動念卽乖〕(4, p.15)'고 한 말을 맺은 것이다.

이렇게 되면 앉아서 온 천하 사람의 혀끝을 끊게 되며, 나고 죽는 빠른 바퀴가 저절로 멈추게 된다.

위태로움을 다스리고 어려움을 멈추게 하고자 단하선사는 목불(木佛)을 태우고, 운문선사는 '개밥 준다'[60]하고, 노파는 부처님을 아니 보려 한 것[61]이

---

60. 운문의 개밥〔雲門喫狗子〕: 부처님의, "하늘 위 하늘 아래에 오직 내가 가장 높다〔天上天下唯我獨尊〕"고 하신 말씀에 대해 운문선사는, "내가 그 당시에 있었더라면 한 뭉치로 때려잡아 주린 개에게 주어서 뜯어 먹게 하여 천하를 태평케 하였으리!"라고 하셨다.

61. 노파가 부처님을 아니 보려 하다〔老婆不見佛〕: 사위성의 모든 사람들이 부처님을 뵙겠다며 물밀듯이 나오는데, 한 노파는 부처님을 보지 않겠다며 문을 닫고 눈을 감고 두 손으로 눈을 가렸다. 그러나 열 손가락 끝마다 부처님이 뚜렷이 나타났었다고 한다.

니, 모두가 삿된 것을 꺾고 바른 것을 드러내기 위한 수단이다.

그러나 필경에는 어떠한가〔然 畢竟如何〕?

頌 강남의 삼월은 언제나 그립도다
자고새 노래하고 꽃향기 짙으니
常憶江南三月裏　鷓鴣啼處百花香

81.

거룩한 빛이 밝아 만고에 환하도다.
이 문 안에 들어오면 알음알이 두지 말라!

神光不昧하야 萬古徽猷로다

入此門來면 莫存知解어다

주해 '거룩한 빛이 밝다' 함은 처음의 '밝고 신령

하다〔昭昭靈靈〕(1, p.9)'한 것을 맺음이고, '만고에 환하다' 함은 '난 것도 아니요 죽음도 없다〔不曾生 不曾滅〕(1, p.9)'한 것을 맺음이며, '알음알이 두지 말라' 함은 '이름에 얽매여 알음알이 내지 말라〔不可守名生解〕(4, p.15)'한 것을 맺음이다.

'문'이란 범부와 성인이 드나든다는 뜻이 있으니〔門者 有凡聖出入義〕, 하택 신회선사의 '안다〔知〕'는 한마디가 온갖 묘한 이치의 문이니라.

아! '이름 지을 수도 모양 그릴 길도 없다〔名不得 狀不得〕(1, p.9)'는 데서 시작하여 '알음알이 두지 말라〔莫存知解〕'는 것으로 끝을 맺으니, 한데 얽힌 넝쿨들을 한마디 말로써 끊어 버렸다. 그리하여 한 알음알이〔一解〕로써 시작과 맺음을 삼고, 그 중간에 온갖 행실들을 나타내었다. '알음알이〔知解〕'가 불법의 큰 해독이기 때문에 특별히 이를 들어 마치나니, 하택 신회선사가 조계의 맏아들이 되지 못한 것은 바로 이 알음알이 때문이다. 이에 송(頌)하노라.

> 이처럼 들어 보여 종지를 밝힌 것에
> 눈푸른 달마스님 어찌 아니 웃었으리
> 그렇다면 필경은 어떠한가? 쯧쯧!
> 휘영청 달이 밝아 강산이 고요한데
> 터지는 내 웃음에 천지가 깨어나네

> 如斯擧唱明宗旨 (여사거창명종지)
> 笑殺西來碧眼僧 (소살서래벽안승)
> 然畢竟如何 咄 (연필경여하 돌)
> 孤輪獨照江山靜 (고륜독조강산정)
> 自笑一聲天地驚 (자소일성천지경)

부 록

이 부록의 「선문오종」·「오종가풍」·「별명임제종지」는 본문 '78'의 평 다음에 있던 글입니다. 그러나 그 내용이 전문 선학자가 아니라면 독송용으로 적합하지 않다고 판단되어, 별도의 부록으로 엮었습니다. 그리고 이 책 속의 용어와 인물에 대해 자세히 알고 싶으신 분은 용담스님 역주 『선가구감』(효림출판사 발행)을 참고하시기 바랍니다.

선문오종 禪門五宗

조사들의 종파에 다섯이 있으니 임제종·조동종·운문종·위앙종·법안종이 그것이다.

임제종臨濟宗

본사(本師) 석가모니 부처님의 33세인 육조 혜능대사로부터 곧게 내려가서 전한 법을 이은 남악회양(南嶽懷讓)·마조도일(馬祖道一)·백장회해(百丈懷海)·황벽희운(黃檗希運)·임제의현(臨濟義玄)·흥화존장(興化存獎)·남원도옹(南院道顒)·풍혈연소(風穴延沼)·수산성념(首山省念)·분양선소(汾陽善昭)·자명초원(慈明楚圓)·양기방회(楊岐方會)·백운수단(白雲守端)·오조법연(五祖法演)·원오극근(圓悟克勤)·경산종고(徑山宗杲) 등의 선사들이 이룬 종파.

조동종曹洞宗

육조(六祖)로부터 곁갈래로 전해 내려간 청원행사(靑原行思)·석두희천(石頭希遷)·약산유엄(藥山惟儼)·운암담성(雲巖曇晟)·동산양개(洞山良价)·조산탐장(曹山耽章)·운거도응(雲居道膺) 등의 선사들이 이룬 종파.

운문종雲門宗

마조(馬祖)로부터 곁갈래로 전해 내려간 천황도오(天皇道悟)·용담숭신(龍潭崇信)·덕산선감(德山宣鑑)·설봉의존(雪峰義存)·운문문언(雲門文偃)·설두(雪竇)

중현·천의의회 등의 선사들이 이룬 종파.

위앙종潙仰宗

백장으로부터 곁갈래로 전해 내려간 위산영우·앙산혜적·향엄지한·남탑광용·파초혜청·곽산경통·무착문희 등의 선사들이 이룬 종파.

법안종法眼宗

설봉으로부터 곁갈래로 전해 내려간 현사사비·지장계침·법안문익·천태덕소·영명연수·용제소수·남대수안 등의 선사들이 이룬 종파.

오종가풍 禪門家風

임제가풍 臨濟家風

알몸으로 칼 휘둘러 　　赤手單刀

부처님도 죽이고 조사도 죽이노라. 　　殺佛殺祖

예와 이제 할 것 없이 삼현과 삼요로써 판단하고
　　辨古今於玄要

용과 뱀을 주인과 손님의 위치〔賓主句〕로써 알아낸다.
　　驗龍蛇於主賓

금강왕의 보배 칼로 　　操金剛寶劍

도깨비를 쓸어 내고 　　掃除竹木精靈

사자의 위엄 떨쳐 　　奮獅子全威

뭇짐승의 넋을 찢네. 　　震裂狐狸心膽

임제종을 알려 하는가? 　　要識臨濟宗麽

푸른 하늘에 벼락치고 　　靑天轟霹靂

평지에서 물결 인다. 　　平地起波濤

조동가풍 曹洞家風

방편으로 오위(五位)를 열어 놓아   權開五位

세 가지 근기들을 잘 다룬다.   善接三根

보배 칼을 뽑아 들어   橫抽寶劒

소견 많은 숲을 말끔히 베어 내고   斬諸見稠林

널리 통하는 길을 묘하게 맞추어   妙協弘通

만 갈래 모든 생각 끊어내누나.   截萬機穿鑿

위음왕불(威音王佛) 나시기 전   威音那畔

까마득한 빛이요   滿目烟光

하늘과 땅 생기기 전   空劫已前

신선세계 경치로다.   一壺風月

조동종을 알려 하는가?   要識曹洞宗麽

부처님도 안 나시고 아무것도 없던 그때

    佛祖未生空劫外

바름과 치우침, 있고 없음에 떨어지지 않느니라.

    正偏不落有無機

운문가풍 雲門家風

칼날에는 길이 있고 劍鋒有路

철벽에는 문이 없다. 鐵壁無門

천하의 말썽거리 모두 둘러 엎고 掀翻露布葛藤

온갖 못된 소견들을 잘라내노라 剪却常情見解

빠른 번개 같아 생각할 수 없거늘 迅電不及思量

타는 불꽃 속에 머물러 볼 터이냐. 烈焰寧容湊泊

운문종을 알려 하는가? 要識雲門宗麼

주장자가 하늘 높이 올라가고 柱杖子勃跳上天

잔 속에서 부처님들 설법을 하네 盞子裏諸佛說法

위앙가풍 潙仰家風

스승과 제자가 서로 화답하고 師資唱和

아버지와 아들이 한 집에 사네. 父子一家

옆구리에 글자가 쓰여 있고 脇下書字

머리 위로 뿔이 뾰족 솟았구나. 頭角崢嶸

방안에서 사람들을 시험하니	室中驗人
사자 허리 부러진다.	獅子腰折
四句를 여의고 아닌 것들 모두 끊어	離四句絶百非
한 망치로 부수었네.	一搥粉碎
입이 둘 있지만 혀가 하나 없는데	有兩口無一舌
아홉 번 굽은 구슬을 꿰뚫었네.	九曲珠通
위앙종을 알려 하는가?	要識潙仰宗麽
꺾인 비석 옛길 위에 누웠는데	斷碑橫古路
무쇠 소는 작은 집에서 잠을 자네.	鐵牛眠少室

법안가풍 法眼家風

말끝마다 메아리가 울려오고	言中有響
날랜 칼날 숨었구나.	句裏藏鋒
해골들이 온 세계를 지배하고	髑髏常干世界
콧구멍은 그 가풍을 불어 내네.	鼻孔磨觸家風
바람 부는 숲과 달 비치는 물가에	風柯月渚

참 마음이 드러나고   顯露眞心(현로진심)

푸른 대와 누른 국화   翠竹黃花(취죽황화)

묘한 법을 보여주네.   宣明妙法(선명묘법)

법안종을 알려 하는가?   要識法眼宗麽(요식법안종마)

바람은 구름 밀어 산마루로 오르고

風送斷雲歸嶺去(풍송단운귀영거)

달은 물에 떠서 다리 지나 흘러오네.

月和流水過橋來(월화류수과교래)

임제종지臨濟宗旨

일구(一句) 가운데 삼현(三玄)이 갖추어져 있고

일현(一玄) 가운데 삼요(三要)가 갖추어져 있는데

일구는 문채(文綵) 없는 도장이요

삼현과 삼요는 무늬 있는 도장이다.

방편과 실상은 현(玄)이요 비침과 씀은 요(要)가 된다.

大凡 一句中에 具三玄하고
(대범 일구중   구삼현)

一玄中에 具三要하니
(일현중   구삼요)

一句는 無文綵印이요
(일구   무문채인)

三玄三要는 有文綵印이라
(삼현삼요   유문채인)

權實은 玄이요 照用은 要라
(권실   현   조용   요)

삼구三句 (선의 종지를 나타낸 세 구절)

제일구(第一句) : 몸도 잃고 목숨도 잃는다. 　　喪身失命 (상신실명)

제이구(第二句) : 입을 열기 전에 그르친다. 　　未開口錯 (미개구착)

제삼구 : 똥삼태기와 빗자루다.   糞箕掃箒

삼요 三要 (세 가지 요긴한 것)

일요는 비침이 큰 기틀이요   照卽大機

이요는 비침이 큰 작용이요   照卽大用

삼요는 비침과 작용이 동시이다.   照用同時

삼현 三玄 (세 가지 깊은 이치)

체 가운데 현은 삼세가 한 생각이라는 말 등이고

體中玄 三世一念等

구 가운데 현은 곧바로 일러주는 말 등이며

句中玄 徑截言句等

현 가운데 현은 양구(良久, 잠깐의 침묵)와 방망이와 할 등이다.

玄中玄 良久棒喝等

사료간 四料揀 (학인을 이끄는 네 가지 방법)

사람을 빼앗고 경계를 빼앗지 않는 것은 하근기들을 다루는 법이요
　　　　　　　　奪人不奪境 待下根

경계를 빼앗고 사람을 빼앗지 않는 것은 중근기들을 다루는 법이요
　　　　　　　　奪境不奪人 待中根

사람과 경계를 함께 빼앗는 것은 상근기를 다루는 법이요
　　　　　　　　人境兩俱奪 待上根

사람과 경계를 함께 빼앗지 않는 것은 격 밖에 사람을 다루는 법이다.
　　　　　　　　人境俱不奪 待出格人

사빈주 四賓主 (네 가지 손님과 주인)

손님 중의 손님은 배우는 이가 콧구멍이 없는 것이니 물음과 대답이 있고
　　　　　　　　賓中賓 學人無鼻孔 有問有答

손님 가운데 주인은 배우는 이가 콧구멍이 있는 것이니 주인과 법이 있고

주인 가운데 손님은 스승의 콧구멍이 없는 것이니 묻는 것만 있고

_{빈중주} _{학인유비공} _{유주유법}
賓中主 學人有鼻孔 有主有法

_{주중빈} _{사가무비공} _{유문재}
主中賓 師家無鼻孔 有問在

주인 중의 주인은 스승의 콧구멍이 있는 것이니 기특할 뿐 해롭지 않다.

_{주중주} _{사가유비공} _{불방기특}
主中主 師家有鼻孔 不妨奇特

사조용 四照用 (네 가지 비침과 씀)

먼저 비치고 뒤에 씀은 사람이 있음이요

_{선조후용} _{유인재}
先照後用 有人在

먼저 쓰고 뒤에 비침은 법이 있음이며

_{선용후조} _{유법재}
先用後照 有法在

동시에 비추고 씀은 밭을 가는 농부의 소와 주린 이의 밥을 빼앗음이요

_{조용동시} _{구경탈식}
照用同時 驅耕奪食

비침과 씀이 동시가 아닌 것은 물음이 있고 답이 있음이다.

_{조용불동시} _{유문유답}
照用不同時 有問有答

사대식四大式 (교화하는 네 가지 방식)

정리正利 : 소림굴에서 돌아앉아 있는 따위요
　　　　　　　　　　　　　　소림면벽류
　　　　　　　　　　　　　　少林面壁類

평상平常 : 화산 무은無慇선사의 '북 칠 줄 안다'는 따위이며
　　　　　　　　　　　　　　화산타고류
　　　　　　　　　　　　　　禾山打鼓類

본분本分 : '산승은 모르노라' 한 따위요　산승불회류
　　　　　　　　　　　　　　　　　　　山僧不會類

공가貢假(거짓을 꾸밈) : 달마대사가 '알지 못하노라' 한 것 등이다.
　　　　　　　　　　　　　　달마불식류
　　　　　　　　　　　　　　達摩不識類

사할四喝 (할의 네 가지 종류)

금강왕 보검과 같은 할이니 온갖 생각과 알음알이를 끊어 버리고
　　　　　　　금강왕보검　일도휘단　일체정해
　　　　　　　金剛王寶劍　一刀揮斷　一切情解

땅에 버티고 앉은 사자의 할이니 말을 하거나 입김만 내쏘아도 모든 마군의 머리가 터지며
　　　　　　　거지사자　발언토기　중마뇌열
　　　　　　　踞地獅子　發言吐氣　衆魔腦裂

탐지하는 막대와 풀 그림자 같은 할이니 상대의

콧구멍이 있는가 없는가를 탐지한다.

_{탐간영초 탐기유무사승비공}
探竿影草 探其有無師承鼻孔

또 한 가지 할은 할로만 쓰이지 않고 앞에서 말한 삼현과 사빈주 등을 다 갖추고 있는 할이다

_{일할부작일할용 구상삼현사빈주등}
一喝不作一喝用 具上三玄四賓主等

팔방八棒 (여덟 가지 방망이)

영을 내려 이치로 돌아가게 하는 방	觸令返玄
닥치는 대로 쓸어버려 바르게 하는 방	接掃從正
이치도 내버리고 바른 것도 쳐 버리는 방	靠玄傷正
몹시 책망스런 것을 벌주는 방	苦責 罰棒
종지에 맞을 때 상으로 주는 방	順宗旨 賞棒
비고 차는 것을 잘 가릴 줄 아는 방	有虛實 辨棒
함부로 쓰는 눈먼 방	盲架 瞎棒
범부와 성인을 함께 쓸어버리는 바른 방	

掃除凡聖 正棒
소제범성 정방

이와 같은 법들은 임제종의 가풍일 뿐 아니라, 위로 부처님에서부터 아래의 중생에 이르기까지 다 제대로 갖추어져 있는 당연한 일이다.
만약 이것을 여의고 설법을 하면 모두가 거짓말이다.

此等法 非特臨濟家風 上自諸佛 下至衆生 皆分
上事
若離此說法 皆是妄語

내가 확인하는 독송 횟수

※ 한 번 독경할 때마다 한 칸씩 확인하세요(날짜를 써도 좋음).

1								10	
						20			
				30					
			40						
	50								60
							70		
						80			
				90					
			100						
	110								120
							130		
						140			
				150					
			160						
	170								180

저자 서산대사 휴정 약력

완산최씨完山崔氏. 이름은 여신汝信, 아명은 운학雲鶴이다. 법명은 휴정休靜이며, 호는 청허淸虛. 별호인 서산대사西山大師 또는 백화도인白華道人·풍악산인楓岳山人 등으로 널리 불렸다.

1520년(중종 15) 3월 평안도 안주에서 아버지 세창世昌과 어머니 김씨金氏로부터 귀중한 생활을 받았다. 3세 되던 해 사월 초파일에, 아버지가 등불 아래에서 졸고 있는데 한 노인이 나타나 "꼬마 스님을 뵈러 왔다."고 하면서 두 손으로 여신을 번쩍 안아 들고 몇 마디 주문을 외우며 머리를 쓰다듬은 다음, 아이의 이름을 '운학'이라 할 것을 지시하였다.

어려서 아이들과 놀 때에도 남다른 바가 있어 돌을 세워 부처라 하고, 모래를 쌓아 올려놓고 탑이라 하며 놀았다. 9세에 어머니가 죽고 이듬해 아버지가 죽게 되자 안주목사 이사증李思曾을 따라 서울로 옮겨 성균관에서 3년 동안 글과 무예를 익혔다. 과거를 보았으나 뜻대로 되지 않아 친구들과 같이 지리산의 화엄동·칠불동 등을 구경하면서 여러 사찰에 기거하던 중, 영관대사靈觀大師의 설법을 듣고 불법佛法을 연구하기 시작하였다.

그곳에서 『전등傳燈』·『염송拈頌』·『화엄경』·『원각경』·『능엄경』·『유마경』·『반야경』·『법화경』 등의 깊은 교리를 탐구하던 중, 깨달은 바 있어 스스로 시를 짓고 삭발한 다음 숭인장로崇仁長老를 스승으로 모시고 출가하였으며, 1540년(중종 35) 구족계具足戒를 받았다.

그 뒤 영관대사로부터 인가를 받고 운수雲水 행각을 하며 공부에만 전념하다가, 1549년(명종 4) 승과僧科에 급제하였으며, 대선大選을 거쳐 선교양종판사禪敎兩宗判事가 되었으나, 1556년 '판사직이 승려의 본분이 아니다'하고는, 자리에서 물러나 금강산·두류산·오대산·묘향산 등지를 행각하며 스스로 보임保任(깨달음을 더욱 갈고 닦음)하였고, 후학을 만나면 친절히 지도하였다.

1589년(선조 22) 정여립鄭汝立이 『정감록』에 의해 왕위에 오른다는 유언비어를 퍼뜨리며 역모逆謀를 꾀한 사건이 일어났는데, 이 역모에 가담한 요승 무업無業이 대사가 자신과 함께 역모에 가담하였다고 주장하여 투옥되었다. 그러나 무죄임이 밝혀졌고, 선조는 석방하면서 손수 그린 묵죽墨竹 한 폭을 하사하였다. 1592년 임진왜란이 일어나자 선조는 평양을 거쳐 의주로 피난하면서 묘향산으로 사신을 보내 휴정을 불렀다. 노구를 무릅쓰고 달려온 휴정에게 선조는 나라를 구할 방법을 묻자 다음과 같이 답하였다.

"늙고 병들어 싸움에 나아가지 못할 승려는 절을 지키게 하면서 나라를 구할 수 있도록 부처에게 기원하도록 하고, 나머지는 신이 통솔하여 전쟁터로 나아가 나라를 구하겠나이다."

그리고 곧 전국에 격문을 돌려서 각처의 승려들이 구국에 앞장서도록 하였다. 이에 제자 처영處英은 궐기하여 권율權慄의 휘하에서, 유정은 금강산에서 1,000여 명의 승군을 모아 평양으로 왔으며, 대사는 문도 1,500명을 통솔하여, 명나라 군사와 함께 평양을 탈환하였다. 선조는 그에게 팔도선교도총섭八道禪敎都摠攝이라는 직함을 내렸으나 나이가 많음을 이유로 군직을 제자인 사명당 유정에게 물려주고, 묘향산으로 돌아가 나라의 평안을 기원하였다.

선조가 서울로 환도할 때 700여 명의 승군을 거느리고 개성으로 나아가 맞이하였으며, 선조가 무사히 서울로 귀환하자 승군장의 직을 그만두고 묘향산으로 돌아와 열반涅槃을 준비하였다.

이때 선조는 '국일도대선사 선교도총섭 부종수교 보제등계

존자國一都大禪師 禪敎都摠攝 扶宗樹敎 普濟登階尊者'라는 최고의 존칭과 함께 정2품 당상관 직위를 하사하여 그의 덕을 치하하였다.

그 뒤에도 여러 곳을 순력하다가 1604년 1월 묘향산 원적암圓寂庵에서 설법을 마치고 자신의 영정影幀을 꺼내어 그 뒷면에 "80년 전에는 네가 나이더니 80년 후에는 내가 너로구나(八十年前渠是我 八十年後我是渠)."라는 시를 적어 유정과 처영에게 전하게 하고 가부좌하여 앉은 채로 입적하였다.

나이 85세, 법랍 67세였으며, 입적한 뒤 21일 동안 방 안에 기이한 향기가 가득하였다고 한다.

묘향산 안심사安心寺, 금강산 유점사楡岾寺에 부도浮屠를 세웠고, 해남 표충사表忠祠, 밀양 표충사, 묘향산 수충사酬忠祠에 제향하였다.

발 문

『선가귀감』은 조선 시대 최고의 고승인 서산대사西山大師 휴정休靜(1520~1604) 스님께서 선을 닦는 이들에게 귀감이 되는 옛글들을 모은 다음, 다시 주해와 송과 평 등을 붙여서 만든 책입니다. 그러므로 참선을 하고 큰 도를 이루고자 하는 이에게는 소중한 지침서가 되었을 뿐 아니라, 스스로를 깨우치기 위해 항상 옆에 두고 읽는 필독서가 되었습니다. 또한 육바라밀 및 염불·경전 공부 등의 수행 생활을 이끌어주는 기준이 되었습니다. 이 『선가귀감』은 중국과 일본에도 널리 알려졌으며, 일본 임제종에서는 근본 교재로 채택하고 주석서까지 발간하였습니다.

고등학교 때 처음 이 책을 접한 저는 늘 곁에 두고 읽으면서, 인연 있는 단체와 사람들에게 자주 강의를 하였습니다. 그때마다 '참 좋은 책', '수지독송할수록 맛이 더하는 책'이 되었고, 서산대사에 대한 감사함도 늘 가득하였습니다.

그리하여 제가 관여하는 효림출판사에서, 석주스님의 권유로 2002년에 용담스님 역주 『선가구감』을 발간하였고, 2007년에 포켓용 『선가귀감』을 발간하였지만, 늘 무언가가 미진하다는 생각을 떨쳐버릴 수 없었습니다.

그러다가 2019년에 들어 거듭 독송하고 번역하고 윤문을 하여, 2021년에 큰활자한글한문대조본 『선가귀감』을 발간하였고, 이 책을 다시 축약하고 새롭게 편집하여 휴대용 『선가귀감』을 세상에 내어놓게 되었습니다. 가지고 다니면서 수시로 읽고 새기면 틀림없이 공부에 큰 도움을 줄 것입니다.

감히 저는 자부합니다. 이 『선가귀감』이 우리 불자들의 중심점, 특히 한국 불자들의 나아갈 길을 분명히 잡아주리라는 것을! 그리고 앞서간 스승들이 했던 것처럼, 이 책을 자주자주 읽어 1백독·2백독·3백독을 채우게 되면, 스스로가 어느덧 높은 경지에 와 있음을 느낄 수 있게 될 것입니다.

부디 그날까지 혼자 또는 주변 불자들과 부지런히 읽고 함께 공부하여, 큰 성취 이루시기를 두 손 모아 축원드립니다.

2022년 한더위에
경주 남산 기슭에서
김현준 합장

역자 김현준 金鉉埈

동국대학교 대학원에서 불교학을 전공하고, 한국학중앙연구원에서 한국불교를 연구하였으며, 우리문화연구원 원장, 성보문화재연구원 원장을 역임하였다. 현재 불교신행연구원 원장, 월간 「법공양」 발행인 겸 편집인, 효림출판사와 새벽숲출판사의 주필 및 고문으로 활동하고 있다.

저서로는 『생활 속의 반야심경』·『생활 속의 보왕삼매론』·『광명진언 기도법』·『신묘장구대다라니 기도법』·『참회·참회기도법』·『불자의 자녀사랑 기도법』·『미타신앙·미타기도법』·『관음신앙·관음기도법』·『지장신앙·지장기도법』·『화엄경약찬게 풀이』 등 30여 종을 비롯하여, 불자들의 신행을 돕는 사경집 20여 종이 있으며, 번역서로는 『법화경』·『원각경』·『유마경』·『지장경』·『육조단경』·『약사경』·『승만경』·『부모은중경』·『보현행원품』·『자비도량참법』·『선가귀감』 등 10여 종이 있다.

우리말 선서 ①
선가귀감

초 판 1쇄 펴낸날	2022년 8월 14일
2쇄 펴낸날	2025년 1월 17일

지은이 서산대사 휴정
옮긴이 김현준
펴낸이 김연지
펴낸곳 효림출판사
등록일 1992년 1월 13일 (제 2-1305호)
주 소 서울특별시 서초구 반포대로14길 30, 907호 (서초동, 센츄리Ⅰ)
전 화 02-582-6612, 587-6612
팩 스 02-586-9078
이메일 hyorim@nate.com

값 5,500원

ⓒ 효림출판사 2022
ISBN 979-11-87508-79-3(03220)

ⓒ표지그림 : 석정스님 달마화
※ 잘못 만들어진 책은 바꿔 드립니다.
이 책은 저작권법에 따라 보호를 받는 저작물이므로 무단전재와 무단복제를 금지합니다.